パール判事

রাধাবিনোদ পাল

東京裁判批判と絶対平和主義

中島岳志

白水社

রাধাবিনোদ পাল Radhabinod Pal 1886—1967

パール判事

——東京裁判批判と絶対平和主義

第一章　東京裁判

第二章　パール判決書

第四章　パール判事へのまなざし

第五章　再来日

第六章　晩年

終章

【凡例】

基本的に、引用文献は本文中に著者名、刊行年、頁数を掲げ、巻末に一覧を掲げた。例えば［日暮二〇〇二：四〇八］は、引用文献リストに掲げた日暮吉延二〇〇二年の文献の四〇八頁から引用したことを示す。

序章

箱根

ＪＲ小田原駅前を出発したバスは、五〇分ほどで芦ノ湖の湖畔に到着する。途中のバス道は思いのほか険しく、先ほどまでいた東京の街並みが夢の中の虚構のように思えてくる。箱根湯本の温泉街をすり抜け、山深い九十九折の道を行けば、芦ノ湖を望む峰に差し掛かる。ここから一気に坂道を下れば、湖畔の町並みが迫ってくる。

元箱根のバス停で降りて、タクシー乗り場に向かう。すると、一人の運転手がぼんやりとタバコをふかして立っていた。

「あの、パール下中記念館まで行っていただけませんか？」

私がそう言うと、運転手はいぶかしげな顔をして聞き返した。

「えっ？　もう一回言ってくださる？」

私の声が聞き取りにくかったのかと思い、今度はゆっくりと答えた。

「パール下中記念館ですが…」

「うーん、聞いたことはあるな」

運転手は眉間にしわを寄せ、考え始めた。そして、「ちょっと待ってて」と言い残して、近くの営業所に駆け込んでいった。

私は少し戸惑った。パール下中記念館は、地元では有名な観光地の一つだと思い込んでいたからである。「まさか場所を勘違いしたということはあるまい」と思い、カバンから地図を取り出した。


三分ほどして、運転手は戻ってきた。

「わかった、わかった。いや、なかなか行く人いないから、すっかり忘れてたよ。」

そう言うと、運転手はタバコの火を消し、運転席についた。

「しかし、お客さん、若いのに珍しいところ行くね。一〇年ぐらいここでタクシー走らせてるけど、その記念館まで乗せるのは、お客さんが二人目か三人目だよ。それも、前乗せた人はずいぶんな年寄りだったな。」

そう言いながらタクシーは芦ノ湖畔を滑走し、しばらくすると人気のない林の中で停車した。

「この細い道の奥ね。」

そう言って運転手が指差した先は、民家の裏庭のような場所だった。


パール下中記念館。

一九七五年に、ラーダービノード・パールと下中彌三郎を記念して建てられた記念館で、二人の遺品や解説パネルなどが展示されている。管理・運営は、平凡社創業者の下中を記念して設立された下中記念財団が行っている。

周りの様子を伺いながら、私はおそるおそる建物に近づいていった。静けさが一帯を包み込んでおり、人気が全くない。

事前に連絡をしておいたからか、入り口には鍵がかかっていない。

不審に思いながらも、そっとドアを開け、中に入った。

「すみません。」

館内に私の声が響き渡る。

しかし、誰も出てこない。どうやら常駐の受付係や管理人はいないようだ。

少し戸惑いながら館内を見渡すと、信じ難い光景が広がっていた。

掃除やメンテナンスがなされた形跡は全くなく、ショーケースや手すりは、すっかり埃をかぶっている。照明は壊れ、床には落ち葉がたまっている。全体的にかび臭く、隙間風が冷たい。

見学する人などほとんどいないのであろう。展示品は手入れされず、ひどく痛んでいる。写真にはカビが生え、展示プレートは剥がれ落ちている。

「右派論壇で頻繁に取り上げられる人物の記念館がこんな状態なのは、いったいどういうことだろう？」

私はしばしの間、呆然とそこに立ち尽くした。

――ラーダービノード・パール（一八八六－一九六七）。

東京裁判で被告人全員の無罪を説いたインド人裁判官として知られる。

彼は法廷に提出した意見書（いわゆる「パール判決書」）で、東京裁判が依拠した「平和に対する罪」「人道に対する罪」が事後法であることを強調し、連合国による一方的な「勝者の裁き」を「報復のための興行に過ぎない」と批判した。

この議論は「日本無罪論」と見なされ、しばしば「東京裁判史観」を批判する論客によって引用される。中には「大東亜戦争肯定論」の論拠として持ち出す論考もあり、近年の歴史観論争に頻繁に登場する重要な存在となっている。

このように数多くの論客から注目を集めながら、一方でパールの生涯や思想、東京裁判の判事以外の活動に関しては、ほとんど語られることがない。彼の意見書の概要には触れられても、それ以外の部分には、全くといっていいほど関心が向けられない。「東京裁判史観」を批判する論客が、『パール判決書』の都合のいい部分だけを切り取って引用し、自己の歴史観を補強するために利用しているというのが実状だ。

「このような『パール判決書』のご都合主義的な利用が、パール下中記念館の荒廃につながっているのではないか。」

私は、館内で棒立ちになりながら、強く思った。

目の前に置かれたパールの遺品は、無残な姿に変わり果てている。写真の一部は、何が写っているのか判別できないほど、朽ち果てている。史料はかなりの部分が抜き盗られ、散逸してしまっている。

「これでは、パールは浮かばれない」

私は強い憤りを感じながら、館内を見て廻った。そして、「今こそパールの思想や主張の全体像を提示しなければならない」と思った。

本書の執筆は、このときから始まった。

靖国神社、映画「プライド」、小林よしのり『戦争論』

パールに対する関心は、近年の右派ナショナリズムの興隆に伴って、ますます高まっている。

一九九七年には、京都東山にある京都護国神社に「パール博士顕彰碑」が建立された。この碑は、瀬島龍三（元関東軍参謀、元伊藤忠商事最高顧問）を委員長とする「パール博士顕彰碑建立委員会」によって建てられ、当時の京都府知事・荒巻禎一や京都市長の桝本頼兼もメンバーに加わった。

この流れを引き継ぐ形で、二〇〇五年六月には、靖国神社の境内に同様のパール顕彰碑が建立された。除幕式では宮司の南部利昭が「日本の自虐的な風潮が収まり、一日も早く英霊に安らかにお休みいただける日が来ることを念願してやまない」と挨拶した。また、遊就館には、パールの写真や一九五二年再来日時の言葉などが、東京裁判史観や自虐史観を批判する文脈で展示されている。

このような英霊の慰霊・顕彰施設に、パールの碑や展示コーナーを設置する意図は明白だ。彼らは、パールの東京裁判批判によって英霊たちの死にレジティマシー（正統性）を与え、近代日本が起こした戦争を全面的に正当化しようとしている。特に靖国神社には、東京裁判でA級戦犯に指名され刑死・獄中死した軍人・政治家の霊が合祀されており、パールの存在を援用することで、「靖国問題」をめぐる政治的メッセージを発信しようとする意図がうかがえる。

このようなパールの利用は、英霊の追悼施設に限定されたものではない。

一九九八年に公開された映画「プライド」は、「不当な東京裁判」への批判を前面に押し出し、「パール判決書」をご都合主義的に援用しつつ、東条英機の「プライドの在り処」を描いた。この映画は史実に基づかない創作・演出が随所に挿入されているにもかかわらず、「新しい歴史教科書をつくる会」の運動の盛り上がりと相まって影響力をもち、現代日本の右傾化に大きな役割を果した。

さらに、同年に刊行され大きな話題となった小林よしのりの『戦争論』では、何度もパールが登場し、「大東亜」戦争を肯定する文脈で引用されている。

例えば、小林はパールの絵に「被告人全員無罪！」という吹き出しをつけたコマを掲載した直後に、次のようなコメントを続ける。

あの戦争で／アメリカに／正義がある／はずがない
日本には／自衛のため／さらには／欧米列強による／アジアの全植民地化／を防ぐという／
「正義」がある！

〔小林一九九八：二八三－二八四〕

小林の議論の是非はともかく、このような文脈でパールおよび「パール判決書」を引用することは、適切な行為とは思えない。「パール判決書」の一部分を都合よく切り取り、「大東亜戦争肯定論」の主張につなげることには大きな問題がある。

長大でかつ難解なことで知られる「パール判決書」をじっくりと読み込んだ上で、議論を展開している論客はほとんど存在しない。「日本無罪論」というミスリーディングな表現によって勝手な拡大解釈がなされ、ご都合主義的に流用され続けているのが現状である。

では、パールが自らの判決書で訴えたかった真のメッセージとは、何だったのだろうか？　彼が東京裁判を批判した意図は、どこにあったのだろうか？

本書では、近年、右派勢力によって盛んに語られるパールの実像に迫るべく、はじめに彼のインドでの生い立ち・法学者としての活動を検討する。そして、東京裁判中のパールの動向を追った後、「パール判決書」を詳しく読解する。さらに、彼が東京裁判後に繰り返し訴えた主張（再軍備反対、憲法九条の護持、非武装中立、非同盟外交、世界連邦の重要性、ガンディーの非暴力主義、絶対平和主義…）を取り上げ、彼の思想の根源に迫る。

それではまず、パールが生まれ育ったインドの地へご案内することにしよう。

若き日のパールの肖像画。
A Division of the Shimonaka Memories Foundation

若き日のパール。
A Division of the Shimonaka Memories Foundation, 1946

上：パールの妻。

A Division of the Shimonaka Memories Foundation

次頁：現在のカルカッタ市街。

Takeshi Nakajima, 2006

ORIENT
WB-02Q 1870

第一章　前半生——法学者として

生い立ち

暑く湿った空気が、全身にまとわりつく。突然、降り出す豪雨は、一瞬の清涼感を与えてくれるが、それがあがると、再び息苦しいほどの猛暑と湿気に包まれる。

雨季のカルカッタ（現コルカーター）に立つと、透明な泥の中にいるような心地になる。ぬかるんだ足元を気にしつつ、額から噴出す汗を拭うと、目の前は、日用品を買い求める人々でごった返している。物売りの怒声が押し寄せ、野犬の遠吠えが響く。

この街にはじめて降り立った若きパール青年も、同じような光景を目にし、一瞬、たじろいだに違いない。また、大通りを隙間なく埋める重厚なコロニアル建築に、驚きの表情を浮かべたことだろう。

パールがやってきた二〇世紀初頭、カルカッタは英領インドの首都であった。

この街は、一七世紀後半に東インド会社の商館と居留地が建設され、一八世紀以降、イギリス植民地支配の拠点として開発された。「ホワイトタウン」と呼ばれたヨーロッパ人の居住区と「ブラックタウン」と呼ばれたインド人居住区に二分化され、まさに「植民地的差異の構造」を目に見える形で誇示する空間構成をとっていた。また、インド人内部でもエリートと非エリートの境界線が明確に設けられ、人種や階級によって分断された都市空間が構築されていった。

イギリス政府はインドを植民地支配するにあたり、インドの社会構造を把握すべく、優秀なオリエント学者をカルカッタに派遣し、インド研究に従事させた。そのため、この街は「インド学」の中心的な拠点となり、多くの優秀なインド人エリートを輩出する学術都市としての側面を有するようになった。

一方、そのようなインド人エリート青年の中から、イギリス植民地支配に対する闘争に身を投じるものも出現し、一九世紀末からはインド独立運動の中心的役割を担うようにもなった。

アジア人として最初のノーベル文学賞を受賞したラビンドラナード・タゴールは、普遍的な人類愛や宗教的存在論を表現するとともに、イギリスの植民地支配に対する厳しい批判者として活躍した。彼はカルカッタの北部に「タゴールハウス」と呼ばれる施設を構え、そこを拠点の一つとして文学的・政治的活動を展開した。

一九世紀後半から二〇世紀前半にかけて、インドにおける社会改良運動の中心的役割を担ったラームクリシュナ・ミッションは、カルカッタを拠点にインド全土での活動を展開し、近代ヒンドゥー教の普遍的側面を強調した。中でも、この団体を率いたヴィヴェーカーナンダは、世界的な宗教者として敬意を集め、欧米諸国でもその宗教哲学は絶賛された。

また、一九〇五年のベンガル分割案問題に端を発する過激な独立運動の潮流からは、近代インドを代表する宗教思想家オーロビンド・ゴーシュが登場し、一九二〇年代には若き指導者チャンドラ・ボースが圧倒的な支持を得た。

アカデミズムと独立運動の拠点、カルカッタ。

この街で学者人生の大半を送ったパールは、近代的物質社会に対する批判や宗教的存在論の再構築、植民地権力に対する抵抗などの機運が充満する中で、地道な研究活動を展開した。

ただ、パールの出身地はこのカルカッタではなく、出身階層も裕福な家庭ではなかった。

彼は一八八六年一月七日、ベンガル地方のナディア県シャリンポア（現在のバングラデーシュ領内）という小さな農村に生まれた。[#1] 彼の家庭はクンバカーラス（Kumbhakaras）という陶工カーストで、その地位は低く、経済的にも貧しかった。彼には二人の姉妹がいたが、男兄弟はなく、一家の長男としての期待をかけられて幼少期を過ごした。

パールの家庭に大きな変化があったのは、一八八九年、彼が三歳のときであった。

彼の父親が急死し、[#2] 突如として一家の収入源が断たれてしまった。彼の母親は親類の家で家政婦として働き始め、女手一つで子供たちを養うこととなった。

パールは、村の小学校を優秀な成績で卒業し、奨学金試験に合格した。それでも貧しい暮らしの中からは、わずかな教育費が捻出できず、彼は別の村の叔父宅に預けられ、その村の学校へ通うことになった。しかし、彼は叔父の雑貨店の仕事を手伝うことを強いられ、毎日、学校の授業に遅刻した。

次第に叔父は、パールに学校を辞めるよう促し、雑貨店の仕事に従事するよう迫った。

学業を続けたいパールは、悩んだ。

そして、苦悩の末、彼は密かにいくつかの学校宛に手紙を書き送り、自分の置かれた現状と、高等教育を受ける機会がほしいという思いを切々と訴えた。

この手紙は、一人の教師の心を動かした。

その教師はパールに返事を出し、町に出て来て試験を受けるよう進言した。彼のアドバイスに従ったパールは、クムディ（Kumdi）という町で試験を受け、見事、トップクラスの成績を収めた。そして、この町の近くのクスティア（Kusthia）にある高校に進学することになり、叔父の家を出た。彼は、ある家主から無料で寝泊りする部屋を提供してもらい、毎日、勉学に励んだ。その後、彼はドゥバルハティ（Dubalhati）の裕福な王族にその才能を見込まれ、学業のための資金をサポートしてもらうことになった。

一九〇三年、パールはラージシャーヒー（Rajshahi）のカレッジに合格し、奨学金を獲得した。ここでも成績優秀だった彼は、カルカッタに出て、名門のプレジデンシー・カレッジに入学し、数学を専攻した。

彼は、奨学金の大半を村で貧しい生活を強いられている母親に送った。そのため、彼自身は食事にも窮するほどの苦しい生活を余儀なくされたが、有望な青年の苦境を見かねたプルーナ・チャンドラ・パールという人物が、彼を自宅に招き入れ、食事と部屋を与えて学生生活を支援した。

#1　以下、パールの生い立ち・青年期の歩みに関しては、アシス・ナンディーの研究［Nandy1995］及び、関係者に対する著者独自の聞き取り調査に基づく。
#2　ナンディーは、父が遊行者となって家を出たという説をとっている。

生活費の問題が解決した彼は、一心に学業に打ち込んだ。その結果、彼はトップの成績でカレッジの学位を取得し、同世代を代表する秀才青年として名をはせた。

一九〇五年、彼はカレッジ在学中に結婚した。

相手はナリニバーラー（Nalinibala）という名で、彼を支援したプルーナ・チャンドラ・パールの娘だった。彼女は、教養と忍耐強さを兼ね備えた女性で、パールを献身的に支えた。

彼は、妻とその家族にサポートされつつ、さらに学業に邁進し、一九〇八年、ついにカルカッタ大学で数学の修士号を取得した。

パールが大学に入学し、ナリニバーラーと結婚した頃、インドではベンガル地方を中心に独立運動の機運が高まっていた。当時、インド総督・カーゾンが、反英闘争の切り崩しを狙い、ベンガル地方の分割統治策を推進していた。彼はベンガル地方をヒンドゥー／ムスリムに分断することで宗教対立を煽り、さらに、ヒンディー語・オリヤ語／アッサム語／ベンガル語がそれぞれ話されている地域に分割することで、ベンガル人の地位の相対的低下を企てた。

これに対し、急進派を中心とするインド独立運動の指導者は強く反発し、激しい反対運動が起こった。この運動はインド全土に拡大し、イギリスからの完全独立を主張する大衆武装闘争が展開された。

この運動が盛り上がりを見せる頃、東アジアでは日露戦争が勃発した。

一九〇五年、日本がこの戦争に勝利すると、インドをはじめとするアジア各地では大きな話題となり、各国の独立運動に影響を与えた。

大学生だったパールは、日露戦争における日本の快進撃に連日歓喜し、大学内でもその話題で持ちきりだったという。

パールはのちに、次のように回想している。

一九〇五年、日露戦争当時は、わたくしはまだ学生でした。ちょうどカルカッタ大学に入学した時でしたが、わたくしは学生当時から平和主義者でしたが、それにもかかわらず、きようは日本が旅順を落した、きようは奉天の会戦で大勝した、対馬海峡で東郷元帥がロシヤ艦隊を全滅させた、といつては自分たちの国が勝つたようによろこんだものです。試験勉強も、そつちのけで、毎日ニュースにかじりつき、学校ではその問題でわきたつていました。

［パール 一九五三：一二三］

彼は「おなじアジアの同胞が、白人の侵略主義にはじめて勝利を得た」ことに昂奮し、日本の旗を手に街頭行進の列に加わったこともあったという。しかし、彼は独立運動の流れの中に身をおくことはなく、あくまでも大学での研究に情熱を注いだ。

法学者の道へ

さて、学業に区切りをつけたパールは、一九一〇年、インド北部の都市・アラハバード（Allahabad）の行政機関（会計院）に就職した。

この街は、ガンジス川とヤムナー川の合流点（サンガム）のほとりに広がり、多くのヒンドゥーの巡礼者が訪れることで知られる。セポイの反乱から一九四七年の独立までの期間は、北西管区の主都とされ、政府機関の集まる行政都市として栄えていた。のちに独立インドの首相となるジャワハルラール・ネルーは、ここの出身者として知られる。

パールはここで数学以外に法律・法学に関心を持ち、仕事の合間をぬって、法律の勉強に着手した。そして、瞬く間にこの分野の知識を身につけ、同年末の予備法律試験に合格した。翌年、彼は法学士を取得する最終試験を受験したが、その結果が出る前に、東ベンガル地方のアーナンダモーハン・カレッジから数学者として教員採用したいという通知があり、法学者になる道を一旦あきらめて、数学教授の道を選択した。

ここで十分な給与を得ることとなった彼は、これまでの借金を返済すると共に、生活に窮する学生たちの経済的支援を行った。彼は毎日のように学生たちを家に招き、妻の手料理を振舞った。このような苦学生たちに対する支援は生涯にわたって続けられ、彼は長年の間、多くの学生に慕われた。

しかし、彼は法律家になる道をあきらめたわけではなかった。彼は数学教授の座に就きながらも、法律の勉強を続け、一九二〇年にはカルカッタ大学で法学の学位を取得した。

法律家になることを志向し続けた背景には、母親からの影響があった。

パールは、母親から常に「カルカッタ高等裁判所のグルダース・バネルジー判事のようになってほしい」と言われ続けていた。バネルジーは、当時のカルカッタではつとに知られた法律家で、母は彼のような立派な法律家になって、世の中の不正をただしてほしいと願っていたという。

貧困の中、女手ひとつで育てられたパールは、母親の期待にこたえることを自らの使命と捉え、法学の勉強に励んだ。そして、一九二三年、ついにその努力と実力が認められ、カルカッタ大学の法学教授に就任した。さらに、翌年にはカルカッタ大学から博士号を授与され、名実共に法学者としての地位を確立した。

パールの専門は、古代ヒンドゥー法であった。特に、「長子相続法の歴史的研究」が彼の最初の研究テーマで、「サンスクリット語で書かれたヒンドゥーの古典籍の分析」と、「世界各地の長子相続制度との比較研究」がその内容であった。このパールの研究は学界で大きな評価を獲得し、一九二四年、彼は秀でた研究成果を発表した者が選ばれる「タゴール法学講演」(Tagor law lecture) の講師に選出された。

パールは三八歳にして、インドを代表する法学者として、一躍注目される存在となった。

うか？

イギリス植民地支配とヒンドゥー法

――「正義を実現する法律家になってほしい」という母親の期待にこたえたパール。しかし、なぜ彼は、近代法の研究ではなく、サンスクリット古典籍を研究する道を選んだのであろうか？

この点を理解するためには、イギリス植民地支配のあり方と近代インドにおける法体系の関係を知る必要がある。以下、簡単に近代インドの司法制度の構造を検討してみることにしよう。

インドを植民地支配したイギリスは、政治・経済の諸制度においては、「野蛮で遅れたインド人」を啓蒙し、インド社会の近代化を促進すべきという立場をとる一方で、宗教や文化の領域については、インド人が歴史的に作り上げてきた「インドの伝統」を尊重するという相対主義的立場をとった。彼らは、政治・経済の分野におけるインドの非合理的慣習を改革し、近代諸制度を導入することを啓蒙主義的使命と捉えた反面、宗教的領域に関しては、制度上、価値の押し付けをするべきではないと考え、イギリス人が支配する政治・経済の領域から切り離して運営することを決めた。そのため、「政治・経済＝イギリスの領域」／「宗教・文化＝インドの領域」という二分化した「植民地的差異の構造」が生まれ、近代インドの社会構成を大きく規定することとなった。

このような二分法的構造は、当然のことながら司法制度の分野にも及んだ。イギリスは、商事法や契約法、訴訟法などの分野に関してはイギリス流の近代法を導入する一方で、婚姻や相続、扶養、養子などの家族法の分野に関しては、インドの伝統的慣習に委ねるという姿勢をとった。また、一七七一年にベンガル州知事に就任したウォーレン・ヘースティングズは、ヒンドゥーにはヒンドゥー法(シャーストラ)、ムスリムにはイスラーム法を適用するという家族法の宗教的分断を規則とし、裁判所にヒンドゥーの法官とムスリムの法官の両方を据えることを決定した。ここにおいて、近代インドの司法制度にはイギリス/インドという二分法とともに、宗教領域におけるヒンドゥー/ムスリムの二分法が導入され、家族法の宗教別分化が進んでいった。

さて、ここで問題なのが、「ヒンドゥー法」の内容である。

インドは広大な領域を有し、その伝統は地域的にも階層的にも多様である。また、時代的にもさまざまな変化が生じ、固定化された「ヒンドゥー教の体系」などは存在しなかった。

そもそも、「ヒンドゥー」という語自体が彼らの自称ではなく、中世のムスリムが「インダス川以東の人々」を指すときに使ったペルシア語の他称であった。植民地支配をしたイギリスはこの「ヒンドゥー」という語を借用し、時代や地域、階層によって多種多様なインド社会の信仰を、一つの固定的なものとみなしていった。

イギリスからインド社会の構成原理を解明するために派遣されたオリエント学者たちは、ヒンドゥーの本質はサンスクリット語で書かれた古典籍に存在すると考え、古文書の収集と、その分析に専心した。そして、そこで集積された知の体系を実際のインド社会に投影し、「ヒンドゥー教の体系化」を成し遂げていった。ここにおいて、これまで場として存在してきた多様な信仰が、サンスクリット古典籍に基づく「ヒンドゥー教」として「発見」され、再編成されていったのである。

ヒンドゥー法は、このようなプロセスの中で体系化されていった。

サンスクリット古典籍が成立したのはあくまでも古代インドであり、その時代から社会的状況は刻々と変化してきているにもかかわらず、この古典籍に基づく「ヒンドゥー法」が遍く導入され、実際の司法の場に適用されていった。また、実際の社会は各地域、各コミュニティーにそれぞれ独自の慣習法が存在し、それぞれ異なる法の伝統を有してきたにもかかわらず、そのような地域的偏差も無視され、古典的ヒンドゥー法は全インドに対して施行されていった。

時間・空間・階層の差異を超えて施行されたヒンドゥー法。

ヒンドゥー社会は、イギリスの植民地支配によってはじめて統一の法体系で括られ、古典化されたのである。

このため、近代インドにおける法学者は、家族法の分野を扱う際、サンスクリット語で書かれたヒンドゥーの古典籍の理解が必要不可欠の要素となった。家族法の専門家であるためには、ヒンドゥーの宗教体系とサンスクリット語に通じていることが前提とされ、その研究こそが彼らの中心的課題となったのである。

パールが法律家としてサンスクリット古典籍の研究に邁進したことは、奇異なことではなく、むしろ当然のことであった。

長子相続法の研究

前述のように、パールはまず「長子相続法」の研究で、高い評価を受けた。彼は一九二四年、この研究によって「タゴール法学講演」の講師に選ばれたのであるが、その時の原稿が、一九二九年、カルカッタ大学から出版された。

タイトルは、The History of the Law of Primogeniture with special reference to India, ancient and modern（『長子相続法の歴史——特に古代と近代のインドについて』）。

この本は、古代から植民地期までのインドの長子相続法を分析すると共に、それを古代エジプト、バビロニア、ギリシア、ローマ帝国、イングランド、スコットランド、アイルランド、アメリカ、フランス、ドイツ、ロシア、中国、日本との比較の上で考察している。

パールはここで、インドの長子相続のあり方を文明国といわれる世界各地のものと比較することを通じて、イギリスの啓蒙主義者たちが抱く「非民主的で封建的なインド社会」という前提を批判し、「長子相続」の世界史的・社会的意義を明らかにしようとした。

少し、内容に踏み込んで見ていくことにしよう。

パールは、本書で繰り返し、「制度」や「法」の歴史性を強調する。彼は、世界各地の法制度を「長年にわたる経験の蓄積の表現」[Pal 1929:1]とした上で、抽象化された「平等主義」の問題を指摘した。

彼は、人間が生まれもって抱え込んだ不平等性を認識し、その不平等性に基づく非均一性こそが、宇宙における個の役割原理を構成していると説く。人間は、「生まれ」を自分の意思で選択することはできず、不平等性を宿命的に付与される。「金持ちの家に生まれるか貧乏人の家に生まれるか」「長男として生まれるか次男として生まれるか」は偶然の所産であるのと同時に、個々人にとっては運命的必然でもある。「生まれ」そのものを、自由意志によって決定したり、変更したりすることはできない。

人間は、この「生まれ」にまつわる不平等性を、政治の力によって幾分かは緩和することができるものの、その差異を原理的に解消することは不可能である。しかし、その不平等性を内包した非均一性こそが、個の宇宙論的存在を担保している。個は限られた生命の中で所与の役割を引き受け、それによって宇宙全体の秩序を維持する。ヒンドゥーは、このような宇宙原理を「ダルマ」(法)という概念で捉えてきた。

パールにとって、「法」とは、設計主義的に構築されるものではなく、歴史的に受け継がれてきた文明的英知であり、宗教的価値を内包させる存在論そのものであった。それは、時間と空間に規定された存在であり、社会的秩序を維持する要のものだったのである。

パールは言う。

「法は単に論理によって構成されるものではない」[Pal 1929:63]。

彼は、この観点から、「長子相続」の歴史的・社会的背景を論じ、それを現行のヒンドゥー法の中に位置づけ直そうと試みた。一方で、世界各地（特に西洋社会）における長子相続の歴史を膨大な文献研究を通じて明らかにし、二〇世紀初頭のインドを「特殊な封建的社会」とする見方を退けた。

ヒンドゥー法の歴史研究

このようなパールの研究は、同時に「ヒンドゥー法の歴史」や「ヒンドゥー法哲学」へと展開した。

一九三〇年、彼は二度目の「タゴール法学講演」（Tagor law lecture）講師に選出され、The History of Hindu Law in the Vedic Age and in Post-Vedic Times Down to the Institutes of Manu（マヌ法典以前のヴェーダ時代及びポストヴェーダ期におけるヒンドゥー法の歴史）と題したレクチャーを行った。これは、彼の博士論文の内容に基づいたもので、一九五八年にカルカッタ大学から出版された。

彼は、ここで古代インド社会の構成原理と法体系・法概念の歴史的変遷を追及し、そこから抽出されるヒンドゥー法哲学の骨子を示した。彼はまず、ヒンドゥー法の歴史はヒンドゥー哲学の集積であり、ヒンドゥーの思想体系とその歴史的変遷を理解しなければ、現代のヒンドゥー法を考察することなどできないことを強調した。そして、それぞれの時代特有の社会的背景を議論した上で、その歴史的変遷や社会状況を超越した「リタ」（真理、宇宙の原理）の存在にこそ、法は基礎付けられているということを論じた。

パールによれば、法とは「リタ」の表現であり、その根本原理は超越的で形而上学的なものである。「リタ」は「神の意思」であり、人知を超えた存在である。そのため、何人たりとも「リタ」そのものを直接的に把握することはできない。

一方で、われわれが住むこの世には、具体的な「法」（law）が存在する。これは有限の言語によって表され、われわれの生活を秩序付けている。法は、言語という有限性をまとっている以上、無限の存在である「リタ」そのものではない。また、その時々の社会状況に対応して変化し、歴史的にも変遷を繰り返す可変的存在である。それは時間と空間に規定された限定的・特殊的存在であり、完全で普遍的なものではない。

歴史において成熟し、社会において培われる法。

これは、「リタ」自体ではないものの、「リタ」の表現でなければならず、超越的真理の現世的表れでなければならない。つまり、法というものは、歴史という縦軸と、社会という横軸の交点に存在し、超越的真理によって基礎付けられなければならない。

法というものは宗教哲学そのものと密接な係わり合いを持つものであり、歴史上、法学者は哲学者そのものであった。古代インドにおいて「法」を編成してきたのはヒンドゥーの聖人であり、為政者ではなかった。「リタ」を司る「リシ」(聖人)こそが、時代状況に応じた「法」を構成し、社会が真理から逸脱することを食い止めようとしてきた。為政者はあくまでも「法」を適正に遂行する存在であって、それを創造する主体であってはならなかった。

パールは、このような法の根源が、西洋における産業革命以降、功利主義の拡散によって犯され、見失われつつあることに警笛を鳴らす。そして、物質文化が浸透した近代社会においてこそ、東洋における法哲学とその歴史を見つめなおす必要があることを説き、このレクチャーを締めくくっている。

ちなみに、パールは、このような法哲学を生涯一貫して持ち続けていた。

東京裁判後、再来日を果たしたパールは、一九五二年一一月二日に大阪弁護士会館で行った演説の中で、次のように訴えている。

梵語のリータムとは〝真理〟という意味である。インドの法律の基礎、法律の根拠は、リータムすなわち真理——英語でいう〝ツルー〟から出発しているのである。いいかえれば、真理こそインドのむかしからの法律の基礎である。これによって立ち、これを根拠として運営して来ているのである。リータムをいかにして保持するかということが、法律のプリンシプルであることを忘れてはならないのである。

[パール一九五三:五二-五三]

パールにとって、法とは真理によって基礎付けられたものに他ならず、時の政治的状況や権力者の意思によってその根源を操作することは許されないものであった。また、法を担い、それを執行することは、まさに超越的真理を適正に表現することでなければならず、宗教的行為に等しい行為であった。

このような宗教哲学に基礎付けられたパールの法認識は、のちに東京裁判のあり方を疑問視し、その構造を鋭利に批判する視点を生み出すことになる。

ガンディー主義への共鳴

さて、パールが二回目の「タゴール法学講演」を行った一九三〇年は、インド独立運動が最高潮に盛り上がりを見せた年でもあった。

この年の三月に始まったガンディーの「塩の行進」は、さまざまな分裂をきたしていた独立運動を一つにまとめ、大規模な大衆運動へと押し上げた。当時、塩はイギリス人が支配するインド政庁により専売されており、そこから多額の税金が吸い上げられていた。ガンディーは、民衆の生活に直結する塩の専売問題を象徴的に取り上げることで、多くの人にイギリス支配の問題を理解させ、独立運動への積極的な参加を引き出そうとしたのである。

さらに、「塩の行進」は特定の宗教的シンボルに頼らずに大衆を喚起させたことでも傑出した特徴を有していた。

二〇世紀初頭の独立運動において、B・G・ティラクは大衆のアモルフな感情を煽り、その機運を独立運動へとつなげようとしたが、その際にヒンドゥーの英雄や祭礼を象徴的に利用したため、その矛先が宗教対立へと発展し、ヒンドゥーとムスリムの争いが拡大するという現象が起こった。一九二〇年代には、ヒンドゥー・ムスリムの対立が激化し、凄惨な事件が相次いだ。のちにヒンドゥー・ナショナリズム運動を牽引することになるRSS（民族奉仕団）もこの時期（一九二五年）に結成され、ヒンドゥーの団結とその強化を訴えていた。

――大衆を鼓舞し、運動を盛り上げるためには、大衆の感情と密接な関わりをもつ宗教的シンボルを使う必要がある。しかし、そのような行為は、運動の矛先をイギリス人ではなく他の信仰を持つ集団へと向かわせる可能性があり、結果的にはイギリス人の術中にはまってしまう。――

このようなアポリアを抱え込んできたインド独立運動にとって、ガンディーの「塩の行進」は特定の宗教的シンボルを使うことなく、大衆の感情を喚起させることに成功した画期的運動だった。しかも、約一ヶ月かけて二四〇マイルの距離を歩き、海岸に到着するという行動は、宗教的行者の姿そのものとして、大衆の目に映った。

特定の宗教の枠組みを超えて、宗教的行為を行うこと。そして、それが政治的正義をもたらし、人々の間に「正しきことを行う勇気」を目覚めさせること。

「塩の行進」の成功は、二〇世紀を代表する宗教家であり政治家でもあったガンディーの真骨頂というべき行為であった。

そして、パールは、このようなガンディーの思想や運動を熱烈に信奉する「ガンディー主義者」であった。彼は繰り返し自らを「一貫したガンディー主義者」と位置づけ、ガンディー主義への熱烈な賛意を示している。

一九五二年に早稲田大学で行った講演では、次のように述べている。

イギリス統治下二百年間の苦悩と圧制は言語に絶するものがあった。そこでは自分の正当な意見すらも吐くことはできなかった。人権も正義も、そして思考の自由すらも奪われていた。しかし、そのときガンヂーはわれわれを指導してくれた。（中略）われわれは、このガンヂーの三つの信条（「平和、非暴力、不服従」のこと―引用者）を忠実に守り、たたかってきたのである。われわれはこの教えの中に最後の勝利があることを堅く信じている。

［パール一九五三：三九―四〇］

さらに彼は、別の論考で、ガンディーの生涯を「ヒンヅーの伝統の中に流れてきた霊化の原理」そのものであると絶賛し、その理想は「神と正義との王国」を構築することにあったと論じている［パール一九五三：一五三］。

このように、パールのガンディーに対する敬意と賛意には、一貫して熱烈なものがあった。

ガンディーの日本批判

さて、ガンディーは、のちにパールが東京裁判で向き合うことになる日本の動向を、同時代的にどのように見ていたのであろうか？

ガンディーは日中戦争当時、自らのもとを訪れてきた中国人に、次のような言葉を投げかけている。

日本はちょうど、羊を手早く始末することを仕事にしている狼のようなものです。狼を非難してみたところで、羊の助けにはならないでしょう。羊は、狼の手中に陥らないことを学ばなければなりません。

［ガンディー一九九七a：一一九］

あなたがたは、彼ら（日本人―引用者）のいっさいの間違った行為にもかかわらず、彼らを愛することができなければなりません。もしあなたがたが日本人に対してそのような愛を心に抱くとすれば、あなたがたはさらにその愛の行為において、真の非暴力の認証極印ともいうべき、一段と高い勇気を表現することになるのです。

［ガンディー一九九七a：一三四］

また、別の場所では、中国が日本に対して「果敢な防衛を展開していること」を取り上げ、「中国が自らすすんで非暴力的でなかったという、何よりの証拠」だとして、逆に中国を批判している。そして、中国は日本と同じ手段に訴えて侵略を撃退しようとするのではなく、すべての武器を捨てて日本人と向き合うべきだと説いている［ガンディー一九九七a：一一五］。

このように、ガンディーは日本の中国に対する「侵略」を「いっさいの間違った行為」と強く非難した上で、そのような日本の軍国主義に対して、中国は暴力をもって抵抗すべきではないと進言していた。ガンディーは、あくまでも非暴力主義を貫くべきことを主張し、中国人が率先して武器を捨てることで、日本人の戦闘行為の根拠を奪うべきだと説いたのである。

一九三九年一月、日本の社会活動家・賀川豊彦がガンディーのもとを訪れた際、「もし貴方が私の立場にいたなら、どうなさるかお聞きしたい」と問う賀川に対して、彼は次のように述べている。

わたしなら自分の異端をきっぱりと公言して、撃たれるでしょうね。わたしは一方の秤の皿に協力者の仕事と自分の仕事のすべてをのせ、他の秤の皿には国民の名誉をのせるでしょう。そして、その名誉が売られていることに気づいたら、自分の見解を日本に対して宣告します。そうしながら、あなたの死をとおして、日本を生かしめるよう願うでしょう。

［ガンディー一九九七a：一二六］

ガンディーは賀川に対して、軍国主義化する日本に対して、自らの命を絶つ覚悟で挑むべきことを進言し、その行為を通じて軍国主義者に反省を促すべきであると説いている。この発言からも、ガンディーが日中戦争当時の日本を、非常に厳しく批判していたことがよくわかる。

このような日本に対する厳しい姿勢は、第二次世界大戦が始まってからも一貫して続いていた。彼は一九四二年七月一八日、「すべての日本人に」と題した声明文を発表し、次のように日本を糾弾した。

最初にわたしは、あなたがた日本人に悪意をもっているわけではありませんが、あなたがたが中国に加えている攻撃を極度にきらっていることを、はっきりと申し上げておかなければなりません。あなたがたは、崇高な高みから帝国主義的な野望にまで堕してしまわれたのです。あなたがたはその野心の実現に失敗し、ただアジア解体の張本人になり果てるかもしれません。かくして、知らず知らずのうちに、あなたがたは世界連邦と兄弟愛——それらなくしては、人類に希望はありえないのですが——を妨げることになるでしょう。（中略）世界の列強と肩を並べたいというのは、あなたがたのりっぱな野望でありました。けれども、あなたがたの中国に対する侵略や枢軸国との同盟は、たしかに、そうした野心が昂じた不当な逸脱だったのです。

［ガンディー一九九七b：三四－三五］

この声明を出した当時、日本は英領マラヤ・シンガポールのインド人兵を組織してインド国民軍を結成していた。その総裁には、日本の軍部とも太いパイプを持つ「中村屋のボース」ことラース・ビハーリー・ボースが就任し、具体的なインドへの侵攻作戦が練られていた。

このような日本の姿勢に対して、ガンディーは更なる厳しい批判を加える。

聞くところでは、あなたがたのインド攻撃が差し迫っているというこのまたとない機会をとらえて、わたしたちが連合国を窮地に追いやっているというふうに伝えられているそうですが、それは由々しき誤報です。もしわたしたちがイギリスの苦境に乗じて好機をつかもうと思っているのなら、すでに三年前に大戦が勃発すると同時に、行動を起こしていたはずです。

インドから英国勢力の撤退を要求する私たちの運動を、どんなことがあっても誤解してもらってはなりません。実際、伝えられるとおり、あなたがたがインドの独立を熱望していられることを信じてよければ、イギリスがインドの独立を承認した場合、あなたがたはインド攻撃の口実を失うはずです。さらに、伝えられるところのあなた方の宣言［一九四一年一二月八日のアメリカ・イギリスに対する宣戦布告］は、あなたがたの無慈悲な中国侵略と矛盾しています。

あなたがたが、もしインドから快く歓迎されるものと信じていられるなら、幻滅の悲哀を感じることになるだろうという事実について、思い違いのないようおことわりしておきましょう。イギリスの撤退を要求する運動の目的と狙いは、インドを解放することによって、いわゆるイギリス帝国主義であろうと、ドイツのナチズムであろうと、あるいはあなたがた日本型のものであろうと、すべての軍国主義的・帝国主義的野心に抵抗する準備をインドがととのえることにあります。

［ガンディー一九九七b：三五－三六］

このようなガンディーの発言は、すべて彼が中心となって刊行する『ハリジャン』誌に掲載されたもので、当時、インドでは広い範囲で読まれていた。また、ネルーやタゴールといった有力者たちもガンディーの日本批判に同調し、その帝国主義的側面を厳しく非難していた。[#3]

熱烈なガンディーの信奉者であったパールが、このようなガンディーのメッセージを一切知らなかった訳はない。パールによる当時の政治的発言が文書として確認されていない現在、安易な推測は避けるべきであるが、少なくとも日本に対してガンディーと真っ向から対立する見解を持っていたとは考えがたい。ガンディーの日本批判について、後年のパールが疑問を呈したという事実は、管見の限り存在しない。

「国際社会」へのまなざし

さて、一九三〇年代のパールの研究活動は、古代ヒンドゥー法の領域を超えて、さらなる広がりを見せていた。

一九三三年には The Law of Limitation in British India（イギリス統治下のインドにおける出訴期限法）を出版し、訴訟手続きに関する研究成果を示した。

また、一九三〇年代半ばからは国際社会への関心を深め、国際法の研究に従事し始めた。

彼は一九三八年に三回目の「タゴール法学講演」講師に選出され、レクチャーの準備を始めたが、そのタイトルは Crimes in International Relations（国際関係上における諸犯罪）であった。これは諸事情のため実現せず、先送りにされることとなったが、[#4] 東京裁判以前に彼が国際法の問題に関心をもち、本格的な研究を進めていたことは間違いない。

一九四〇年には The Law of Income Tax in British India（イギリス統治下のインドにおける所得税法）を共著

で出版し、その研究業績の幅をさらに広げた。彼は一九二七年から一九四一年までインド政庁の所得税関係の法律顧問を務めていたため、その仕事を通じて得た知識と見解を一冊の本にまとめた。

このような多岐にわたる法学研究の成果が認められ、一九四一年一月二七日、パールはカルカッタ高等裁判所の判事に任命された。彼は一九四三年六月三〇日までこの任を勤め、一九四四年からはカルカッタ大学の副総長に就任した。

さて、この時期は、「大東亜」戦争の期間と重なっていた。

日本軍は一九四二年二月にシンガポールを占領し、三月はじめにはラングーンを陥落させた。日本の爆撃機はカルカッタにまで飛来し、部分的な爆撃を行った。タイ・マレー・シンガポールではインド国民軍が組織され、その動向がラジオ放送を通じてインド国内の一部に伝わりはじめた。

#3　パールは、ガンディーやネルーについては、一九五〇年代以降、日本で行った講演の中で何度も言及し、その思想と行動に高い評価を与えているが、同郷のチャンドラ・ボースについては、全く触れていない。パールがチャンドラ・ボースに対してどのような見解を持っていたかは不明であるが、日本における講演で彼の存在に一切言及していないことを考えると、ガンディーとネルー以上の評価を彼に与えていたとは考えがたい。チャンドラ・ボースは「敵の敵は味方」との観点から日本やドイツに期待をかけたが、同時代のパールがその見解に強い賛意を示したとは、考えがたい。

#4　このレクチャーは東京裁判後の一九五一年になって実現し、一九五五年にカルカッタ大学から出版された。

日本軍の侵攻がインド国境の目前に迫る中、イギリスはクリップス使節を派遣し、インド人の懐柔策に乗り出した。イギリスは、戦後にインドの自治を認める代わりに、連合国軍側に戦争協力してほしいという「クリップス提案」を提示した。イギリス人への一定程度の信頼と日本帝国主義に対する深い憎悪の念をもつネルーは、この提案に賛同し、イギリスと共に日本軍と戦うことで戦後の独立獲得を目指すべきことを訴えた。しかし、ガンディーは「破産しかけの銀行の期限切れ小切手にすぎない」と厳しく批判し、この提案を退けた。

結局、この交渉は決裂し、インドは連合国軍への戦争協力を拒絶した。そして、ガンディー・ネルーを中心とするインド国民会議派は、イギリスに対するインドからの撤退要求と日本の侵略に対するレジスタンスを柱とする「クイット・インディア（インドから出て行け）運動」を挙行した。しかし、この運動は開始直後の指導者の一斉逮捕によって先導役を失い、徐々に拡散化していった。一九四四年五月にガンディーは釈放されたが、彼の呼びかけによって「クイット・インディア運動」は終了し、大規模な非暴力闘争は沈静化した。

その頃、一部の期待は、一九四三年にインド国民軍総裁に着任したチャンドラ・ボースに向けられ始めた。しかし、インド国民軍が加わって挙行されたインパール作戦は、ガンディーが運動の終了宣言を出した同時期（一九四四年五月）に失敗に終わり、日本軍の侵攻によるイギリス支配の打倒という構想も瓦解した。

独立運動は、先の見えない暗闇の中を迷走していた。

この頃、カルカッタ大学副総長に就任したパールは、イギリスの植民地支配に対する義憤を高めていた。

一九四五年六月、カルカッタで封鎖線を横切ろうとした少年を警官が射殺した事件が起こり、約五〇〇〇人の市民が少年の葬列に加わった。この行進が大規模なものに膨れ上がると、警官は列に向けて発砲し、負傷者が出た。この行進にはカルカッタ大学の学生も多く参加していたことから、パールは現場に急行した。

最前線に到着すると、道を封鎖された民衆が、警官隊と対峙していた。知事から、学生たちを落ちつかせるよう依頼されたパールは、「君が群集に謝罪して、この道を通すことを許すなら、取りしずめよう」と言い、「それはできん」という答えが返ってくると、学生の説得を断固として断った。結局、民衆の圧力に抵抗できなくなった警官隊は、道を通すことに合意し、葬列が進むことを許可した［パール一九五三：二六一－二六二］。

一九四五年八月一五日、日本の敗戦で第二次世界大戦の終結を迎えたものの、インドは即座に独立した訳ではなかった。

終戦間際の八月一二日、東南アジア各地から復員してきたインド国民軍の兵士たちを、イギリス国王への反逆罪で軍事裁判にかけることが決定されると、国民会議派は反発し、兵士たちの支援を開始した。

一一月五日、デリーのラールキラー（赤い城）でインド国民軍裁判が開始されると、これに対する反対運動は大きな盛り上がりを見せた。さらに、一九四六年一月、ボンベイでインド海軍の反乱事件が起こると、イギリスは前年末から進めていたインドへの権力移譲を本格化させ、三月にはイギリス労働党の閣僚使節団を派遣した。そして、独立の暫定措置として各派統一の中間政府を樹立することが決定した。

インドの統一的独立を主張する国民会議派とムスリム地域の分離独立を要求するムスリム連盟の対立は続いたものの、インドは独立に向けて本格的な第一歩を踏み出すことに成功した。

パールは一連の政治動向を見つめつつ、カルカッタ大学での仕事をこなしていた。

そのような彼のもとに、突然、インド中間政府から思いもよらぬ連絡が舞い込んできた。それは、東京裁判へ判事として出廷してほしいという依頼であった。

彼は悩んだ挙句、カルカッタ大学の副総長を辞し、廃墟と化した東京の街へと向かう決意をする。そして、就任受諾の意向を国民会議派首脳部に伝え、インドを離れる準備に入った。

一九四六年四月二九日、パールの判事就任が正式に決定する。そして、六日後の五月五日、彼は日本行きの飛行機に乗り込んだ。

彼はこの年、六〇歳を迎えていた。

東京裁判の法廷となった旧陸軍省。
The Mainichi Newspapers, 1946

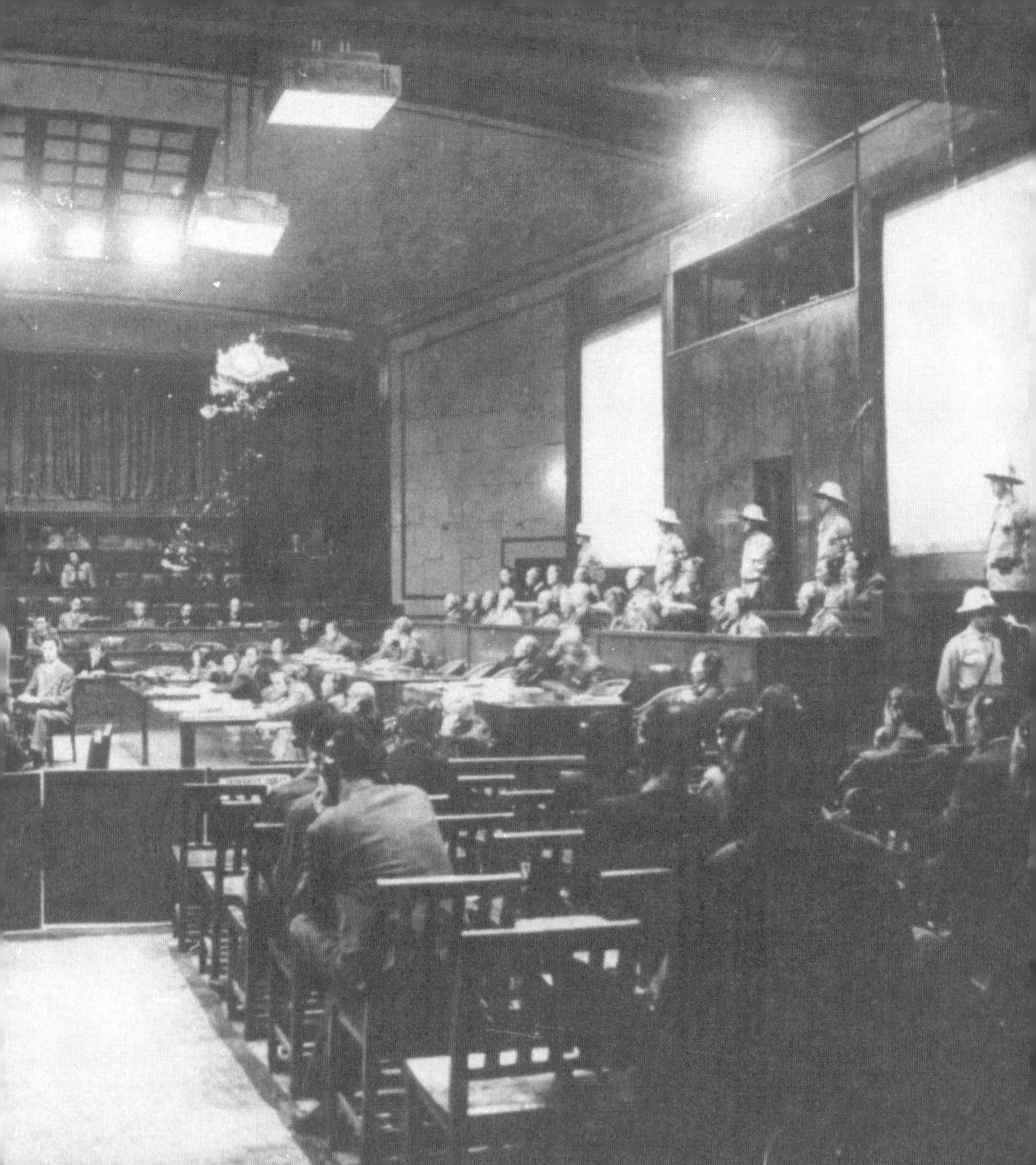

東京裁判・法廷の全景。

The Mainichi Newspapers, 1946

次頁上：パール判事。
次頁下：東京裁判 11 人の判事たち。
次々頁：法廷での判事たち。
A Division of the Shimonaka Memories Foundation, 1946

被告席で奇行、合掌する大川周明。

The Mainichi Newspapers, 1946

第二章　東京裁判

終戦

一九四五年八月一四日。

日本はポツダム宣言の受諾を決定し、「大東亜」戦争は終結した。

七月二六日にイギリス・アメリカ・中華民国の三国首脳の連名で出されたポツダム宣言は、全一三項目からなっていた。その中の第一〇項には次のような文言が含まれており、これが東京裁判開廷の法的根拠となった。


吾等の捕虜を虐待せる者を含む一切の戦争犯罪人に対しては厳重なる処罰を加へらるべし。


しかし、ここで記された「一切の戦争犯罪人」には厳密な規定がなく、「誰を戦争犯罪人として裁くか」についての基準はきわめて不明確であった。そのため、「誰が戦犯容疑者として拘束され、誰が裁判にかけられることになるのか」という深刻な問題が浮上し、以降、日本人指導者たちの間でさまざまな憶測と思惑が飛び交うこととなった。

また、捕虜の虐待を含む「一切の戦争犯罪」とは、具体的にどのような国際法上の「犯罪」であるかについても、ここでは明確ではなかった。この点が、のちに東京裁判の正当性をめぐる議論へと発展する。

八月三〇日。

連合国軍最高司令官ダグラス・マッカーサーが、厚木の日本海軍飛行場に降り立った。サングラスをかけ、パイプをくわえながらタラップを降りる姿は、日本人に対して自信と余裕を見せ付ける演出であった。

九月二日には、東京湾に浮かぶ戦艦ミズーリ号上で降伏文書の調印が行われ、本格的な「戦争犯罪人」容疑者の選定が始まった。

そして、九月一一日。

マッカーサー司令部は、東条英機を筆頭に東郷茂徳、嶋田繁太郎、賀屋興宣、岸信介ら三九人に及ぶ逮捕命令を下した。

東条逮捕の命を受けたクラウス中佐は、午後四時二分、用賀の東条邸に到着。その一七分後、東条は自らピストルを左胸部に撃ち、自殺を図った。しかし、その弾は心臓からわずかに逸れ、東条は一命を取り留めることとなった。

その後も、戦犯容疑者の拘束は続いた。

一一月一九日には荒木貞夫、南次郎、真崎甚三郎、松井石根、本庄繁、小磯国昭、松岡洋右、白鳥敏夫ら一一人の大物への逮捕命令が下され、さらに一二月二日には広田弘毅、平沼騏一郎を含む五九人の逮捕が発表された。

一二月六日には、九人の逮捕が発表されたが、このリストに名を連ねていた近衛文麿は、一六日の未明、服毒自殺を遂げた。

続々とスガモ・プリズンに容疑者が集められる中、急ピッチで裁判の準備も進められていた。

極東国際軍事裁判所憲章と起訴状

翌年の一月一九日。

マッカーサーは、ポツダム宣言の文言に基づき、極東国際軍事裁判所憲章を公布した。全一七条に及ぶ憲章では、裁判所の設置や裁判官の構成、[#1]定員数、手続き方法などが定められたが、最も重要な問題は、第五条の「人並に犯罪に関する管轄」についてであった。

ここでは、「平和に対する罪」「通例の戦争犯罪」「人道に対する罪」の三つが「個人責任ある犯罪」とされ、それぞれに次のような定義が与えられた。

(イ)平和に対する罪　即ち宣言の侵略戦争或は国際法、条約、協定又は保障に違反する戦争

の計画、準備、開始又は遂行或は上記諸行為の何れかを達成するための共同計画又は陰謀への参加

（ロ）通例の戦争犯罪　即ち戦争法規又は戦争慣例の違反

（ハ）人道に対する罪　即ち戦前又は戦時中民衆に対し為されたる殺戮、殲滅、奴隷的虐使、追放その他の非人道的行為或は犯行地の国内法違反たると否とを問わず本裁判所の管轄に属する罪の遂行として又は之に関連して為されたる政治的又は人種的理由に基く迫害

このうちの「通例の戦争犯罪」は、以前の国際法で規定されている「犯罪」であったが、「平和に対する罪」と「人道に対する罪」は、当時の国際法において確立されているとは言いがたいものであった。また、両犯罪は「共同計画又は陰謀への参加」という「共同謀議」の存在を前提としており、そもそも「共同謀議」の存在が立証されなければ、「犯罪」の定義に当てはまらないという問題もあった。この点が、のちに提出される「パール判決書」の重要なポイントとなる。

四月二九日。

この裁判所憲章に基づき、検察側から起訴状が公表された。

#1　後述するように、この段階ではインドとフィリピンからの裁判官選出が認められておらず、裁判所開廷直前の四月二六日に、一部が改正された。

全部で五五項目にわたる訴因が列挙された起訴状では、まず次の二八人が被告として列挙された。

荒木貞夫、土肥原賢二、橋本欣五郎、畑俊六、平沼騏一郎、広田弘毅、星野直樹、板垣征四郎、賀屋興宣、木戸幸一、木村兵太郎、小磯国昭、松井石根、松岡洋右、南次郎、武藤章、永野修身、岡敬純、大川周明、大島浩、佐藤賢了、重光葵、嶋田繁太郎、白鳥敏夫、鈴木貞一、東郷茂徳、東条英機、梅津美治郎

起訴状によると、日本は一九二八年一月一日から一九四五年九月二日まで「犯罪的軍閥」によって支配され、「重大なる世界的紛争及び侵略戦争の原因」となった。日本国民は「全世界の他の諸民族に対する日本の民族的優越性を主張する有害なる思想」によって「組織的に蠹毒せられ」、議会はヒトラーのナチ党やイタリアのファシスト党と同様、「侵略の道具」として組織された。被告たちは「共同謀議」によって「世界の他の部分の支配と搾取」を目指し、「平和に対する罪」を犯した。

また被告たちは「公職及び個人的名声及び勢力」を巧みに利用して、米、英、仏、ソ、中、蘭、豪、カナダ、フィリピン、インド、ニュージーランド、そのほかの平和国家に対して「国際法並に神聖なる条約上の誓約」をやぶり、「侵略戦争の計画、準備、開始乃至遂行を意図し且つ之を実行」した。俘虜や一般収容者に対しても殺害や虐待を繰り返し、「非人道的条件下」での労働を強要した。占領地においては「人的並に経済的資源を搾取し、公私の財産を掠奪し、都市村落に対し軍事上の

必要以上濫りに破壊を加え」た。そこでは「無力の一般民衆に対し、大量虐殺、凌辱、掠奪、劫掠、拷問其の他の野蛮的なる残虐行為」が繰り返され、強制的支配が展開された。

このような犯罪は、「第一類、平和に対する罪」（訴因第一～第三六）、「第二類、殺人及殺人共同謀議の罪」（訴因第三七～第五二）、「第三類、通例の戦争犯罪及人道に対する罪」（訴因第五三～第五五）の三種類に分けられ、それぞれの被告がどの訴因に該当するかが示された。

そして、この起訴状に基づき、翌月三日に裁判が開廷されることが決まった。

インド人判事の選出

裁判準備が着々と進行する中、アメリカでは一つの重大な問題が持ち上がっていた。それは、インド人判事の選出問題であった。[#2]
マッカーサーをはじめとするアメリカ政府は、当初、裁判官の指名権は対日降伏文書への署名国九カ国（米、英、仏、ソ、中、蘭、豪、カナダ、ニュージーランド）に限ることを方針としていた。そのため、

#2　以下、インド人判事選出問題については、日暮吉延の研究［日暮二〇〇二：一一九－一二七］に依拠する。

インドとフィリピン両国はこの範疇に含まれず、裁判官を派遣する権利を有していなかった。

一九四六年一月三日。

アメリカで交渉に当たっていたシャンカル・ヴァジパーイーは、国務省極東局長のジョン・ヴィンセントを訪問し、インド人判事選出の要求を行った。しかし、ヴィンセントは「降伏文書署名国に限定する」という従来の見解を示し、インド人判事任命を認めない旨を伝えた。

これに対しヴァジパーイーは、翌日、次のような文書を作成し、正式に判事の指名権を要求した。

> 捕虜であれ一般住民であれ、日本軍の侵入した東南アジアやビルマの領土にいたインド国民は、日本軍の蛮行の犠牲になりました。またインド軍は、ビルマでの日本敗北に主要な役割を果たしました。それゆえ、インドは、対日戦に参加した他の諸国と同等の地位に立ち、日本人戦犯裁判への参加資格を正当に主張できるでしょう。そしてインドには、連邦法廷に加えて、八つの高等法院、西洋法体系の原理で訓練され、経験を積んだメンバーを擁する優秀な法曹界があります。
>
> 〔日暮二〇〇二：二一九－二二〇〕

ここでは、ヴァジパーイーが「インド国民は、日本軍の蛮行の犠牲になりました」と述べている点に注目する必要がある。当時のインド自治領首脳の見解は、あくまでもインドは連合国の一員であり、

「日本軍の蛮行」の被害国としての権利を訴えるものだった。当然のことながら、のちの「パール判決書」が示したような東京裁判批判を前提とはしておらず、むしろ連合国の一員として共同歩調を取り、その過程で確固たる地位を獲得しようとする意向が強かった。

インド人にとって、東京裁判に判事を派遣できるかどうかはインドの国際的地位と名誉に関わる問題であった。インドからは、すでに検事を派遣することが決定していたが、肝心の判事指名が許されないのは、独立に向けて歩みだしたインドにとって、国家の威信を損ないかねない重大な事態であった。インドは「判事席こそが他の連合国と同等の国際的脚光を浴びうる唯一の公開舞台であり、検事派遣だけでは連合国の二等市民と評価されると考えていた」［日暮二〇〇二：二二六］のである。

しかし、このインドの要求はなかなか受け入れられなかった。

一月一九日に発布された裁判所憲章では、インドとフィリピンに裁判官指名の権利を与えず、従来の方針が明文化された。マッカーサーも主席検事を務めるキーナンも、法廷の規模をこれ以上大きくすることを望んでおらず、「降伏文書署名国に限定する」という原則を盾に、インドの要求を退けたのである。

しかし、ヴァジパーイーはあきらめない。

彼は宗主国のイギリスを味方に付け、アメリカ政府にプレッシャーをかけ始めた。一月下旬、彼はニューデリーの首脳と協議し、この問題を日本の管理政策決定機関である極東委員会（Far Eastern Commission）に付託することを決定した。そして、関係各国にインドへの支持を訴える活動を展開し始めた。この動きには、徐々に支持が集まり始め、ニュージーランド、カナダ、オーストラリアなどが同調する姿勢を見せた。

このように、判事選出問題に関する風向きが変り始めると、裁判の早期開廷を望むキーナンは態度を軟化させ、インド人判事の加入容認をマッカーサーに働きかけ始めた。

この流れがアメリカ政府を動かすことになり、方針は一転する。

三月に入り、「東京裁判がアジア諸国に差別的だととらえられることは避けるべき」という認識が首脳たちに共有されると、アメリカ国務省はフィリピン人の判事指名の勧告とセットでインドの要求を受け入れることに決した。案件は極東委員会にかけられ、四月三日、インド人判事とフィリピン人判事の選出は正式に承認された。

この決定は、即座にニューデリーの英領インド政府に伝達された。

政府・戦争省（War Department）は、具体的な判事の任命に着手し、紆余曲折の末、[#3]最終的にパールへの打診が行われた。

このときパールに提示された日本での赴任期間は、半年であった。

パールはこの依頼を承諾し、四月二七日の正式決定へと至った。この日は、起訴状が発表される二日前であり、開廷のわずか六日前であった。

開廷

東京裁判は、五月三日に開廷した。

冒頭、ウェッブ裁判長による「開廷の辞」が読み上げられた。その口調は穏やかで紳士的であったが、内容は裁判長のものとは思えない厳しいものであった。中でも次の文言は辛らつで、弁護人や被告、記者たちを驚かせた。

被告が従来保持して居ました地位が如何に重要なものであつたに致しましても、是が為め彼等は最も貧しき一日本兵卒或は一朝鮮人番兵などが受ける待遇よりもより良い待遇を受けしめる理由となりませぬ。

〔極東国際軍事裁判速記録第一巻一九六八：一〕

#3 この判事任命のプロセスは、インド国立公文書館所蔵の関係史料が二〇〇七年現在利用・引用が許可されていないため、詳細を論じることができない。時期を見て別稿を期したい。

裁判はこの後、裁判官の紹介、法廷書記・通訳の宣言を経て、起訴状の朗読に入った。

問題はこのとき起こった。

午後三時三〇分。

被告人席の大川周明が、前の席に座っていた東条英機の頭を平手打ちしたのである。

大川の姿は、開廷直後から常軌を逸していた。

服装は水色のパジャマ。足元は下駄履き。時折、ボタンを外し、胸をはだけ、腹を出した。見かねたウェッブ裁判長は憲兵隊長に連絡し、大川のボタンをかけ直させた。すると、大川は何かつぶやきながら合掌し、突如、東条の頭を叩いた。

起訴状の朗読が中断し、休憩のため裁判官の退廷が始まると、その判事団に向かって大川が奇声を発した。

「インディアンス・コンメン・ジー（インド人よ、来たれ）」。

もしくは「イッツ・ア・コメディー（これは喜劇だ）」と叫んだとされるが、発音が明確でなく、現在まで判然としていない。

しかし、大川の奇声が「インド人よ、来たれ！」と聞き取られるのには訳があった。

このとき、パール判事はまだ日本には到着しておらず、未だカルカッタで出国の準備に追われていた。開廷後しばらくの間、判事団はパールを欠いた状態で裁判を進めていたのである。#4

二日目の五月四日は、冒頭で大川の精神鑑定の必要性が提起され、即座の退廷が承認された。その後、弁護人の紹介が続き、休廷となった。

三日目の五月六日、清瀬弁護人はウェッブ裁判長に対する「裁判官忌避」の動議を発した。清瀬は、ウェッブがニューギニアにおける日本軍の不法行為を調査した過去に言及し、これを問題視した。なぜならば、戦争犯罪の捜査を担当した当人が、当該事件の裁判官までも務めるのは、裁判の公正を損ないかねないからである。

しかし、この動議は一方的に却下された。

そして、すかさず次の罪状認否に移った。

「Do you state guilty or not guilty?（あなたは有罪を申し立てますか、それとも無罪を申し立てますか）」。

これに「Not guilty（無罪を申し立てます）」と答えることで、審議が進行する。もしここで有罪を認めれば、裁判は行われず、刑の量定だけとなる。

この英米法の手続きに戸惑いを見せながら、被告人たちは「無罪」を申し立てた。中には「無罪」を主張することを潔しとしない者もいたが、弁護人の説得によって、なんとか全員が「無罪」を申し立てた。

そして、このあと弁護側の準備のために、一週間の休廷が告げられた。

#4　この時点では、パールのほかに、フィリピンのハラニーヨ判事も到着していなかった。

管轄権に対する動議とパールの来日

五月一三日に再開された法廷は、清瀬弁護人による「法廷の管轄権」に対する動議によって幕を開けた。

清瀬はここで、重大な動議を行う。

彼はまず、この法廷には「平和に対する罪」と「人道に対する罪」を裁く権限がないことを主張した。彼は、ポツダム宣言が発せられた一九四五年七月の時点で、戦争そのものを犯罪とするような「文明国共通の観念」は存在せず、受諾後に突然「当時とはちがう他の罪を持ち出してこれを起訴する」のはおかしい、と詰め寄った。また、ポツダム宣言は「大東亜」戦争の終了宣言であるにもかかわらず、この戦争に含まれない時期の戦争犯罪を起訴することは、明らかな越権行為ではないかと問いただした。さらに、起訴状ではタイに対する戦争犯罪が主張されているが、そもそもタイは日本の同盟国であったため戦争を行っておらず、ゆえに戦争犯罪が行われたというのは「夢想もできぬ架空のこと」であると主張した［極東国際軍事裁判速記録第一巻一九六八：一一－一四］。

これに対し、キーナン主席検事は、興奮気味に次のような反駁を行った。

指導者の支配及び命令に服従せねばならぬ所の無力なる犠牲者か、又他の数百万の無事の民は、是等の行為の為に言語に絶する苦痛を忍び、一方是等の指導者は処罰されずに自由の儘で居ると云ふことになります。そして是が法律であると言はれて居ります。斯かる主張は不健全であると同時に忌はしいものであります。

〔極東国際軍事裁判速記録第一巻一九六八：一四〕

また、ポツダム宣言が発せられた当時においても、侵略戦争は犯罪だという文明国の共通合意は存在したとし、「野蛮行為および掠奪行為」を行った指導者たちを裁くのは当然であるとの見方を示した。さらに、起訴状の執筆者であるコミンズ・カー検事は、ポツダム宣言第一〇項に触れ、「これは『戦争犯罪』の完全な定義ではなく連合国を代行する最高司令官がひきつづき出す指令によって拡大される余地を残していることが明らかである」として、「平和に対する罪」と「人道に対する罪」の正当性に問題ないことを訴えた。

翌日の五月一四日。

清瀬に続いて、他の弁護人たちが、さらなる動議を行った。中でもブレークニー弁護人の発言は、検事団だけでなく判事たちをも動揺させるほど、辛らつで鋭いものだった。

彼は言う。

検察官側の異議は勝つた方の殺人は、合法的であつて、敗けた方の殺人は非合法であるとい
ふ議論ではないかと思ひます。

〔極東国際軍事裁判速記録第一巻一九六八：一二三〕

さらに彼は、当時タブーであったアメリカの原爆投下に踏み込み、次のように論じた。

もしも真珠湾爆撃によるキッド提督の死が殺人であるとするならば、われわれは、広島へ原爆を投下したその人の名誉、その作戦を計画した参謀総長、そしてこの攻撃に責任ある国の元首相をよく知っていると申しのべたい。彼らは殺人を気に病んでいるか。これはまことに疑わしいことであります。これは戦争自体が彼らの行為を正義であり、敵を不正だときめつけているからでなく、その行為が殺人罪ではないからであります。

〔朝日新聞法廷記者団一九六二a：二〇一〕

ブレークニーは、ポツダム宣言受諾の段階において「戦争は犯罪ではない」という主張を繰り返した。そして、もしそれが犯罪であるとされるならば、原爆の投下によって広島・長崎の無辜の市民を大量虐殺したアメリカの「戦争犯罪」が問われないのは不公正だと指摘したのである。

翌一五日も弁護人たちの動議が続いたが、開廷七日目の一七日、ウェッブ裁判長が弁護人の訴えに

対して「総て却下」を宣告し、「その理由は将来に宣告致します」として、しばらくの休廷を命じた。この日の裁判は、午前一〇時五分から一〇時一〇分までの、たった五分間だけであった。

さて、このような弁護人の動議が展開されていた五月一五日。

一〇日前にカルカッタを出発したパールが、ようやく日本の地に降り立った。彼は、その足で宿舎の帝国ホテルに向かい、即座に部屋に篭って裁判の準備を始めた。そして、一七日の法廷に、始めてその姿を現した。

ここで確認すべき重要なことは、パールは東京裁判の正当性をめぐる弁護人の動議に参加できなかったということである。彼は、のちに提出する「パール判決書」において、裁判所の管轄権に対する疑義を提示し、原爆投下の問題を連合国に突きつけたのであるが、彼は法廷において、清瀬やブレークニーによる一連の動議に接することはなかった。

文明の裁き

六月三日。

約二週間ぶりに再開された法廷から、パールは本格的に加わった。彼は、横一列に並ぶ判事席の端に腰を下ろし、ゆっくりと場内を見渡した。

この日から、裁判は検事団による立証に移った。

まずはじめに、キーナン主席検事の冒頭陳述が行われ、日本の軍国主義に対する辛らつな批判が展開された。中でも、彼が何度も文中で使った「文明」という語が、大きな衝撃を与えた。

キーナンは言う。


裁判長閣下、是は普通一般の裁判ではありません。何故ならば我々は現にここで全世界を破壊から救う為に文明の断乎たる闘争の一部を開始して居るからであります。此の破壊の脅威は自然力から来るのではなくして支配に対する無謀な野心を以て此の世界に時ならぬ破滅を進んで持ち来たす人々の入念に計画された努力から齎らされるのであります。是は強い陳述ではありますが然しながら本事実に関してはもっと温和な言葉を以てそれを表現する事は出来ないのです。

世界を通じて被告を含む極めて少数の人間が私刑を加え自己の個人的意志を人類に押しつけんとしたのでした。彼等は文明に対し宣戦を布告しました。彼等は法則を作りそして争点を裁決しました。彼等は民主主義と其の本質的基礎即ち人格の自由と尊重を破壊せんと決意しました。彼等は人民に依る人民の為の人民の政治は根絶されるべきで彼等の所謂「新秩序」が確立されるべきだと決意しました。そして此の目的の為に彼等は「ヒットラー」一派と握手しました。

〔朝日新聞法廷記者団一九六二a：二〇五〕

キーナンにとって、東京裁判はまさに「文明の裁き」であった。

——「人格の自由と尊重」を重視する文明国＝連合国が、「支配に対する無謀な野心を以て此の世界に時ならぬ破滅を進んで持ち来たす人々」の国を裁くという構図。

これがキーナンの設定した東京裁判の明確な図式であった。

また、キーナンは次のようにも言う。

我々の目的とする所は予防或は阻止であります。それは報復とか復讐とかいう些細な取るに足りぬ目的とは何等関する所がありません。然しながら本審理中に於て我々の切に望んで居る所は人類に是等の苦しみを持ち来す者を普通の重罪犯人として烙印を捺し且つそれに従って処罰する事が将来同型に属する者が出て来た場合其の侵略的好戦的活動を制止する効果を有する事があり得ない事でもなく又考え得られないことでもないと云うことであります。

〔朝日新聞法廷記者団一九六二a：二〇七〕

東京裁判は「報復とか復讐」ではなく、あくまでも侵略戦争の「予防或は阻止」のために行う。ここで日本の指導者を厳罰に処することで、今後の「侵略的好戦的活動を制止する効果」が生まれると、キーナンは主張した。

さらに彼は、弁護団の異議申し立てに触れて、次のように言う。

各被告は既に本訴訟に於て本裁判の合法性に異議を申出でて居りますが我々は此の異議は総ての文明の破壊を防止するため有効なる手段を講ずる文明国の能力に対する明らかな挑戦を構成するものであると主張するものであります。

［朝日新聞法廷記者団一九六二ａ：二一〇九］

弁護団による管轄権に対する動議は、キーナンの目には文明国に対する挑戦に映った。東京裁判は、「文明の破壊」を阻止するために行うものであり、それを批判するものは文明を否定しようとする野蛮な挑戦者であると、キーナンは厳しく非難したのである。

判事席についたばかりのパールは、この議論をじっと聞いていた。

この時、パールがどのようなことを考えていたのかは、史料が残っていないため不明である。しかし、のちに提出する「パール判決書」では、このような連合国側の文明観を正面から批判する。事後法に基づく裁判を行うことこそが、「戦争に勝ちさえすれば、国際法を遵守する必要などない」という意識を敷衍し、侵略戦争を誘発することにつながると批判するのである。

パールは、来日早々に、巨大な課題に向き合うこととなった。

次々に登壇する証人

この後、裁判はゆっくりとしたペースで進むことになる。

軍事教育の問題に始まり、メディア統制の問題、満州事変、三月事件、一〇月事件、五・一五事件、日中戦争、南京虐殺、日独伊三国同盟問題、対仏関係、対ソ関係、戦争準備段階、対米関係、対蘭関係、フィリピンでの虐殺、全アジアにおける残虐行為まで、検察側の立証は、約七ヶ月もの間、続いた。その間、さまざまな証人が登壇し、歴史に残る重要な証言を行った。

中でも注目されたのが、七月五日以降、満州事変段階で登壇した田中隆吉である。

田中は一八九三年生まれの陸軍軍人で、陸軍大学を卒業後、参謀本部支那課を経て、研究員として中国にわたった。上海駐在時の一九三二年一月に起こった上海事変では謀略作戦の張本人とされ、のちに関東軍情報参謀、砲兵連隊長・陸軍省兵務課長、山東省第一軍参謀長、陸軍省兵務局長などを歴任。東条英機との対立がもとで、一九四三年、予備役編入となった人物である。

検察は、張作霖爆殺事件、三月事件、柳条湖事件、満州事変、一〇月事件、五・一五事件、満州国建国を共同謀議に基づく一連の政治的謀略と捉え、それを証明することに力を注いだ。そして、その過程で目を付けたのが、田中の存在であった。

田中は、裁判所憲章が発布された一九四六年一月に、『敗因を衝く—軍閥専横の実相』（山水社）という本を出版し、東条首相や武藤章軍務局長らを戦争責任者として糾弾していた。さらに、陸軍の内情を暴露し、その軍規の乱れや軍人の非行について厳しく指摘していた。

検事団は「ギャングの中に協力者を求める」というFBI方式を適用し、田中を証人の切り札として利用することを画策した。間もなく彼の身柄を確保し、尋問の後、重要証人として手厚く保護した。

証言台に立った田中は、検事団の意向に沿って、共同謀議の存在を認める証言を行った。彼は、満州事変は建川美次（参謀本部第一部長）、橋本欣五郎（第二部ロシア班長）、長勇（支那班勤務）、板垣征四郎（関東軍高級参謀）、石原莞爾（関東軍次級参謀）、大川周明が一連の陰謀の首謀者であり、彼らの数々の策略によって事態が進展していったと語った。しかし、その証言の大半は、既に他界した人物の言葉や紛失された書類に基づくもので、立証不可能なものばかりだった。

これに対して、被告人と弁護人は強い不快感を示した。

重光葵は「証人の被告の席を指さして　犯人は彼なりと云ふも浅まし」と詠み、橋本欣五郎の弁護人・林逸郎は、田中の精神病・アヘン中毒を露骨に疑う質問まで行った。

結局、田中は被告人とその関係者から「保身のために身内を売った裏切り者」というレッテルを貼られたものの、検察側にとっては共同謀議を裏付ける当事者の重要証言として、重宝され続けた。

その後も、連日、さらなる証言者が登壇したが、八月一六日の元満州国皇帝・溥儀の登場は、日本中に大きな衝撃を与えた。

溥儀は、証言台で自己保身のための偽証を繰り返した。

彼は、満州国元首に就任した動機を、本庄繁や板垣征四郎の脅迫に恐怖を感じたからと説明し、日本は、満州はおろか全世界を奴隷化する意図を抱いていたと証言した。また、満州国時代、自分には一切の自由が与えられず、日本人に激しい敵意を抱いたが、その圧制の前では全く抵抗できなかったとも証言した。

このような保身のための証言を重ねる溥儀に対し、弁護人たちはその証言の矛盾を衝き、厳しく追求し続けたが、彼は「知らない」「忘れた」を繰り返し、正面からの返答を避けた。また、弁護側が証拠書類を提示し、溥儀の証言を迫ると、明らかに取り乱した表情で「書類は偽造である」と主張し続けた。

溥儀の証言は、一〇日後の八月二六日になっても続いていた。彼の要領を得ない証言に、会場全体がざわつきはじめた。ウェッブ裁判長は、裁判の会期延長を心配し、溥儀の証言を途中でさえぎる場面も見られた。

開廷から約四ヶ月が経とうとしていたが、裁判は未だ検察側による立証の途中であり、それもまた日中戦争段階に突入したばかりという状況だった。

関係者の多くが、裁判の長期化は避けられないものと認識し始めた。

そして、その頃、裁判の裏舞台では深刻な問題が発生しようとしていた。それは、パール判事の辞任要求問題である。

パールの辞任要求

前述のとおり、パールはインド政府から、半年間の任務を与えられて、東京裁判に出廷した。しかし、約四ヶ月が経過した段階で、年内の閉廷はあり得ないことがはっきりとしてきた。

パールは、八月二六日付けで、インド政府に向けて一通の手紙を送る。

彼はその中で、東京裁判が半年間の任務期間内では終わらないことを伝え、帰国すべきか否かの判断を仰いだ。

パールには、インドで積み残してきた仕事があった。彼は高等法院の長期休暇を利用して東京裁判に出廷したのであるが、その休暇期間の終わりが一一月の第二週目に迫っていた。

手紙を出して一ヶ月が経過しても、インド政府からの返信はなかった。

――休暇期間の終わりが近づく。もう帰国準備にかからなければ、インドでの仕事に間に合わない。

追い詰められたパールは、一〇月一日、ついにウェッブ裁判長に辞任の意向を伝える手紙を送る。

私がインド政府から本裁判所の判事に指名された際、〔東京裁判の任務は〕半年間だけだと明言されました。……この理解のもと、私は、仕事の適正な契約を交わし、高等法院の長期休暇が終わるまで――それは一一月の第二週に終わります――重要案件を持ち越してもらったのです。…この状況では、私は、カルカッタの依頼人と法廷への責任を果たすために帰国しなければなりません。

〔日暮二〇〇二：四〇七〕

パールは、この要求をマッカーサーに伝えるよう、ウェッブに依頼した。

報告を受けたマッカーサーは、焦った。

――この時期に、判事の一人が欠けてしまえば、裁判に悪影響を及ぼしかねない。パールの辞任は、何としても避けなければならない。

マッカーサーは、パール辞任阻止を「インド政府に最高レベルで談判すべきだとワシントンに訴えた」〔日暮二〇〇二：四〇八〕。

これを受けて、アチソン国務次官がインド政府と交渉を行った。

インド側はすぐに対応し、パールに状況を報告。さらに、以下の回答をアメリカ側に送った。

インド政府は、パル判事が現時点で帰国するのは最も不幸なことだということに同意している。

したがって、インド政府は［東京に］とどまるよう電報でパル判事に要請し、六ヶ月間、彼の任期を延長した。

［日暮二〇〇二：四〇八］

インド政府から要請を受けたパールはこれに合意し、引き続きこの裁判の判事を続ける決意をした。しかし、彼は一旦、インドへ帰ることにこだわった。その理由は妻の健康問題にあった。学生時代から彼を献身的に支えた妻が急に体調を崩し、倒れたのである。

一〇月二八日、イギリス代表部長ガスコインに一ヶ月ほどで戻ると言い残し、インドへと旅立った。このときの逸話として、次のようなエピソードが残っている。

パールが帰国して病床を見舞うと、妻は言った。

娘が勝手に電報をさしあげたそうで、すみません。あなたがせっかくお帰り下さったことはうれしゅうございますが、しかし、あなたはいま、日本の運命をさばこうという大切なお体です、聞けばその判決文の執筆に寸暇もないそうですが、あなたがその大切な使命を果たされるまで、私は決して死にません、どうぞご安心下さって、すぐにでも日本にお帰りください。

［下中彌三郎伝刊行会一九六五：三三三－三三四］

パールはこの妻の姿に心を打たれ、すぐに日本に向かったと言う。#5

度重なる欠席

パールが不在の間も審議は進み、一一月一日、検察の立証は山場の日米関係段階に入った。「太平洋戦争」を名づけられた戦争が、果たして日本の一方的侵略戦争であったか否かが討議される重要局面に突入した。

検察側は、日本の指導部が共同謀議を重ね、侵略戦争の開始を計画的に進めたという台本に沿って、議論を展開した。そして、真珠湾攻撃を「だまし討ち」と断じ、東条内閣の非道を徹底的に糾弾した。特に開戦の事前通告の有無が争点となり、弁護側と激しいやり取りが続いた。

この日米開戦に関わる審議は、約一ヶ月にわたって続き、翌月の一二月三日、ようやく次の対オランダ問題に移った。

#5 ただし、日本に戻ったのは一ヶ月以上経った一二月三日であったため、四週間ほどはカルカッタの自宅で妻の看病をしていたものと見られる。

そして、パールはちょうどその日、一時帰国を終えて、再び法廷に現れた。

ここで確認しておきたいことは、パールは日米戦争問題に関する検察側の主張を、法廷では全く聞いていないということである。「パール判決書」では、日米開戦のプロセスを詳細に追及しているが、彼は検察側の議論を直接耳にはしていない。

法廷は、日本の戦争中の残虐行為に関する問題に突入し、年が明けた一九四七年二月三日、ようやく検察側の主張が終わった。

約二〇日間の休廷をはさんで、弁護団による反証が始まった。これはさらに約半年間もの間つづき、九月一〇日から、ようやく被告人個人の反証段階が開始された。

パールは、このあたりから法廷への欠席が目立つようになる。九月は二一回開廷のうち、わずか四回しか法廷に姿を見せず（しかも、そのうち二回は午前の審議を欠席）、さらに一〇月六日から一一月二六日までは、一度も出席していない。最終的に彼は、個人反証段階の約三分の二を欠席した。

この頃からパールは、帝国ホテルの自室に篭って、資料の整理と読破に熱中した。他の判事との宴席が設けられた時も、彼は一切参加せず、部屋に篭って作業を進めたと言われている。すでにこのとき、彼は多数派意見に真っ向から反する「個人意見書」の提出を決め、その準備に邁進していたものと見てよいだろう。

しかし、この作業に没頭するあまり、彼は法廷をたびたび欠席した。あまりの欠席の多さに、同僚判事からは「法廷に姿を見せず宿舎のホテルに閉じこもって博士論文を書いている」と揶揄されたほどだった［牛村二〇〇六：一四五］。

それでも、パールは独立独歩の姿勢を崩さず、自分の信念のもと行動し続けた。一九四八年四月一六日に公判が結審し、判決が下されるまでの間、休廷が宣言されると、パールは「個人意見書」の執筆に本腰を入れた。そして、彼は八月初旬には長大な意見書を完成させ、インドへ一時帰国した。

パールは九月九日にいったん帰任したものの、二週間後の九月二三日、再帰任の日程も告げず、慌ただしくインドへと帰国した。このインドへの一時帰国は、妻ナリニバーラーの様態が悪化したためとされている。

一〇月二六日。

『朝日新聞』東京版に全判事の紹介記事が掲載され、パールの経歴や人物像も報道された。ここでパールは「ガンジーの崇拝者」と紹介され、次のような言葉が引用されている。

> ガンジーは一世紀早くこの世にあらわれた人だ、彼のような人は現在の日本にも必要ではありませんか？

東京裁判中に、パールが熱烈なガンディー主義者であると報じられていることは特筆に価する。第四章で見るように、巣鴨プリズンの受刑者の多くは、パールを「西洋を批判する宗教的文明論者」と見なしているが、このようなイメージは上記の発言などによって意見書の発表以前に、すでに構成されていたものと思われる。

個別意見書の提出

一九四八年一一月四日。

ウェッブ裁判長による判決文の朗読が始まった。

判決文は思いのほか長く、一日で読み終えることは不可能であった。ウェッブの朗読は数日にわたり、ようやく一一月一二日、各被告への刑の宣告の時を迎えた。

その直前、ウェッブは次のように発言し、傍聴席をどよめかせた。

本官が朗読した判決は、裁判所条例に基き、本裁判所の判決である。

インド代表判事は、多数意見による判決に反対し、この反対に対する理由書を提出した。

フランス及びオランダ代表判事は、多数意見による判決の一部だけについて反対し、この反対に対する理由書を提出した。

フィリピン代表判事は、多数意見に同意して、別個の意見を提出した。

大体において、事実については、本官は多数と意見をともにする。しかし反対意見を表明することなく、裁判所条例と本裁判所の管轄権を支持する理由と、刑を決定するに当たつて本官に影響を与えたいくらかの一般的な考慮とを簡単に述べたものを提出した。

これらの文書は記録に留め、また最高司令官、弁護人、及びその他の関係者に配布される。弁護人はこれらの別個の意見を法廷で朗読することを申請した。しかし本裁判所はこの問題をすでに考慮し、法廷では朗読しないことに決定していた。

本裁判所はこの決定を変更しない。

［極東国際軍事裁判速記録第一〇巻一九六八：八〇六］

ウェッブ自身を含め、一一名の判事中五名が個別意見書を提出したことは、衝撃をもって受け止められた。しかも、フランスとオランダの代表判事は多数意見に一部反対し、インド人判事は全面的に反対したという。さらに、それらの個別意見書は、法廷では一切朗読されない。どよめきが起こる中、法廷は休憩に入った。

そして二五分後の再開の後、被告全員への刑の宣告に移った。ウェッブは、早口で刑を告げはじめた。

「被告、荒木貞夫

被告が有罪の判定を受けた起訴状の訴因に基いて、極東国際軍事裁判所は、被告を終身の禁錮刑に処する。」

〔極東国際軍事裁判速記録第一〇巻一九六八・八〇六〕

傍聴席がざわつく。静粛を命ずる槌の音が響く。

続いて土肥原賢二が立つ。通訳のヘッドホーンがなかなか付けられず、傍らのＭＰが手伝った。

「絞首刑（デス・バイ・ハンギング）に処す。」

刑は、この後、次々と下された。

絞首刑は土肥原賢二、広田弘毅、板垣征四郎、木村兵太郎、松井石根、武藤章、東条英機の７人。全員、「平和に対する罪」以外に、「通例の戦争犯罪」もしくは「人道に対する罪」が適用された被告人ばかりだった。「共同謀議」よりも「残虐行為」が重視された結果だった。

終身刑は、荒木貞夫、橋本欣五郎、畑俊六、平沼騏一郎、星野直樹、木戸幸一、小磯国昭、南次郎、岡敬純、大島浩、佐藤賢了、嶋田繁太郎、鈴木貞一、賀屋興宣、白鳥敏夫、梅津美治郎。

禁固二〇年が東郷茂徳。禁固七年が重光葵だった。

最後に、ウェッブ裁判長が「これを以て閉廷する」と宣言し、約二年半に及んだ東京裁判の幕が閉じられた。

結局、パールが提出した意見書は法廷で朗読されることなく、その当時、内容が一般国民に知らされることはなかった。

裁判中のパール。

A Division of the Shimonaka Memories Foundation, 1946

上：パールとウェッブ判事。
下・左下：東京裁判の判事たちと。
A Division of the Shimonaka Memories Foundation, 1946

上：パールとＧＨＱ。
次頁：東京裁判判事席の全景。左端にパール。
A Division of the Shimonaka Memories Foundation, 1946

上：巣鴨留置所。
下：被告人集合写真。
The Mainichi Newspapers, 1946

第三章　パール判決書

反対意見書

同僚判事の判決と決定に同意しえないことは、本官のきわめて遺憾とするところである。本事件ならびにこれに関連する法律と事実との問題の重大性にかんがみ、本裁判所の決定のために生ずる問題につき、所見を述べることは、本官の義務であると感ずるものである。

このような一節で始まる「パール判決書」は、英文で二五万語、講談社から刊行されている文庫版で計一四〇〇ページを超える。本文中には、法律関係の専門書だけではなく歴史書や哲学書、各種の手記など、さまざまな文献から引用がなされ、裁判の意見書とはまるで思えないような内容も含まれる。また、複雑で深長な文章で書かれていることから、通読するのに多大な困難を伴うものに仕上がっている。しかし、展開される議論は非常に鋭く、内容は深い。

全体は七部構成で、「第一部予備的法律問題」、「第二部侵略戦争とは何か」、「第三部証拠および手続きに関する規則」、「第四部全面的共同謀議」、「第五部裁判所の管轄権の範囲」、「第六部厳密なる意味における戦争犯罪」、「第七部勧告」と続く。

英文でのタイトルは「Dissentient Judgment of Justice Pal」とされ、裁判所言語部が「Judgment」を「判

決書」と翻訳したことから、「パール判決書」という日本語の呼称が定着した。しかし、「パール反対意見書」とするのが本来は適切であると、しばしば指摘される。ただしここでは、通例の呼称に従って「パール判決書」という表記を用いる。

では早速、「パール判決書」の内容を「第一部予備的法律問題」から順に見ていくことにしよう。

裁判所の構成の問題

第一部は、「裁判所の構成」に問題がないかどうかを検討することから始まる。

まずはじめに、パールは戦勝国が裁判所の構成を独占することを問題視し、「戦勝国が戦敗国を裁く」という構図を批判する。

彼は、戦勝国も戦敗国も「通例の戦争犯罪」に関しては、共に公平な裁判所において裁判が行われることが原則であるとし、戦勝国が裁判を独占する東京裁判の構成を批判する。なぜ「構成の公平性」が重要であるかと言えば、それは敗戦国の国民が東京裁判を「正義というよりもむしろ復讐であると考え」る可能性が高いからであり、そのような認識が広がることは「将来の平和保障の最善策ではない」からである。

――戦勝国が戦敗国に対する復讐として裁判を行うこと。また、復讐でないとしても、そのような認識を戦敗国の国民に与えること。

パールは、このような状況こそが平和と秩序を維持するという裁判本来の目的を崩壊させ、その意義を損ねるものだとして厳しく批判した。

彼は、ハンス・ケルゼンの次のような言葉を引用する。

> 戦争犯罪人の処罰は、国際正義の行為であるべきものであって、復讐にたいする渇望を満たすものであってはならない。
>
> 〔東京裁判研究会一九八四a：一二四〇〕

また、パールは同時に、戦勝国の戦争犯罪についても、戦敗国と同様、平等に裁かれるべきであるとし、戦敗国だけでなく「戦勝国もまた戦争法規に違反した自国の国民にたいする裁判権を独立公平な国際裁判所に進んで引き渡す用意があって然るべきである」とする。

さて、ここで問題になるのが、パールを含む東京裁判の判事の選任の問題である。東京裁判の判事はすべて戦勝国側に属する者であり、戦敗国から任命された判事は一人もいない。

パールは、この判事の任命の「偏り」を問題視するものの、判事は本国の政府からは独立的な地位にあり、全員「個人的な資格で本裁判にあたっている」ことが前提であるため、その国籍は裁判そのものを否定する問題にはならないと論じる。彼は、ここでの問題は判事の国籍ではなく個々の「道義的節操」であるとし、次のことこそが判事に要求されるとする。

ある程度先入観にとらわれていないこと、自分の意見ないし見解が他の同意を得られなかったときに生ずる結果を甘んじて受ける覚悟のあること、司法裁判手続に忠実であること、司法裁判上の義務の遂行にともなって犠牲を払わなければならない事態が生ずる場合にはその犠牲を喜んで払う用意があること。

［東京裁判研究会一九八四a：二四一］

パールは、判事に要求されることを「正義が行われていることを明白にしかも一点の疑う余地もなく人にわからせなければならない」ということであるとし、正義の実施に不当な介入があったのではないかと疑われるような余地があってはならないとする。しかし、戦勝国出身の裁判官のみが判事を務める裁判では、連合国の政治的意図によって操作され、「復讐心を満たす」という目的のもとに行われていると被告人や敗戦国の国民が考えることは十分に理解できるとして、次のように言う。

本官自身としては、被告がかような恐れを抱くことは、十分理由のあるものと考える次第である。もし被告が、本裁判所のような団体によって裁かれるにさいして、感情的な要素が入りこんで客観性に干渉することがありはしないかという懸念を抱いたとしても、われわれは被告を非難することができないのである。

〔東京裁判研究会一九八四a：二四二〕

ただ、パールによれば、このような問題は東京裁判だけの問題ではない。それは、裁判を担う判事の属性の問題を超えて、「人間は完全な正義を担うことができるか」という一般的な問題である。人間には常に「一歩を誤れば客観的でかつ健全な判断をつまずかせる陥穽となるおそれ」がある。人間が行う正義は完全無欠ではないかもしれない。しかし、裁判という場では「人間の行う正義」を被告は甘んじて受けなければならない。いかに判事の属性が戦勝国に偏っていても、彼らが本国政府から独立した個人の立場で判決を下す以上、その国籍は問題の本質ではない。そのため、裁判所の構成を問題視した「被告の異議は容認するに及ばない」〔東京裁判研究会一九八四a：二四三〕。

ここで重要なことは、パールは、自分自身が構成員の一員を担っている東京裁判を、根本的に否定してはいないということである。東京裁判は、戦勝国の戦争犯罪が裁判にかけられず、構成員が戦勝国によって独占されているという問題があるものの、被告は「人間の行う正義」を甘んじて受け入れなければならない、というのがパールの大前提である。このことを、われわれはまず理解しなければならない。

通例の戦争犯罪

次に、パールは「通例の戦争犯罪」について問題を提起する。

弁護側は、「平和に対する罪」や「人道に対する罪」の他に、「通例の戦争犯罪」についても「なんら犯罪を示すものではない」としてその訴追を取り消すよう訴えているが、パールはその要求を退ける。

パールは次のように述べて、「厳密ナル意味」の戦争犯罪（＝通例の戦争犯罪）を裁く意義を積極的に肯定する。

戦争というものは、合法的なものにせよ、非合法的なものにせよ、また侵略的なものにせよ、防禦的なものにせよ、やはり一般に認められた戦争法規によって規律されるべき戦争であることに変りはない。いかなる条約、いかなる協約も、絶対に「戦争法規」を廃止したことはない。

〔東京裁判研究会一九八四ａ：二一四四〕

パールは、国際法で確立されている「通例の戦争犯罪」が、東京裁判において裁かれるのは当然であり、その意義を明確に認めている。ただ、この判断は、即座に被告人の有罪につながるものではなく、訴追が成立しているということを示しているに過ぎない。「通例の戦争犯罪」をこの裁判で問うことができるという判断と、戦争指導者であるA級戦犯容疑者が「通例の戦争犯罪の規定上、有罪か否か」という判決の問題は、別である。

ここで問われるべき問題は、犯罪の実行者ではなくその指導者であった被告たちに「通例の戦争犯罪」を適用できるかどうかという点である。パールは、「通例の戦争犯罪」に関する訴追が、国際法上、十分に成立することを確認した上で、この罪がA級戦犯容疑者の指導者責任にまで及ぶのか否かを問題にしているのである。また、パールは、「『厳密ナル意味ニオケル』戦争犯罪ということは、関係各人にその個人的資格において帰せられるべき行為を指していうのである」とし、「通例の戦争犯罪」に関しては、被告人の個人責任を追及すべきという立場を明示している。〔東京裁判研究会一九八四a：二四四〕

彼は、明確に次のようにも述べている。

国家内におけるかれら（それぞれ自国において高い地位にあった人々――引用者）の地位は、かれらのあらゆる行為を国際法上の意味における国家の行為となすものではない。
〔東京裁判研究会一九八四a：二四八〕

パールは「通例の戦争犯罪」の訴追については、東京裁判の意義を積極的に認め、その個人責任を厳密に審議すべきことを主張している。

どの戦争の犯罪を裁くのか？――管轄権の範囲の問題

また、東京裁判においては「どの戦争の犯罪を裁くのか」という問題が、依然として残されている。「いつ始まり、いつ終わった戦争を裁くのか」という問題は、この裁判の根本に関わる重要なポイントである。

まず確認すべきことは、裁判の対象となる戦争の終結点である。

パールは、この点については共通の合意があるとして、次のように述べる。

本裁判所が裁判することのできる犯罪は、一九四五年九月二日の降伏によって終結をみた戦争の継続期間中、もしくはその戦争に関連して犯された犯罪に限るべきである。

〔東京裁判研究会一九八四a：一二四九〕

そこで問題は、この戦争の開始点に絞られる。一九四五年九月二日に終結した戦争は、いつ始まった戦争なのであろうか?

ここでパールが議論するのは、検察側が訴追の中心に据えている「共同謀議」という概念である。この「共同謀議」が成立すると仮定して、それがいつ始まったのかを定めることこそが、東京裁判が管轄とする戦争の範囲を規定するとパールは述べる。

起訴状訴因第一において検察側は全面的共同謀議の訴追をなしており、これが立証された場合には、これは上記の諸事件をすべて前述の降伏で終わりを告げた戦争の一部として包含することになる。

[東京裁判研究会一九八四a:二五二]

しかし、一方でこの「共同謀議」という概念が成立しなければ、戦争の起点をどこに定めるのかという問題が、再び宙に浮く。

訴因第一に全面的共同謀議と称せられているものを、われわれが法廷記録にある証拠の中に発見し得ない場合には、本官の意見では、前述の諸訴因中の起訴事実は、われわれの管轄権の及ばないものとして、成立しないことになると思う。

〔東京裁判研究会一九八四a：一二五二〕。

この第一部で提起された「管轄権の範囲」の問題は、「第五部・裁判所の管轄権の範囲」で明確な結論が下される。

パールは、次のように戦争の開始点を定める。

本官は、むしろこれらにおいて用いられた「戦争」という語は、一九三七年七月七日の盧溝橋事件をもって開始された敵対行為をもふくむものであるという見解を取りたいと思う。[#1]

〔東京裁判研究会一九八四b：五一九〕

まず、彼は盧溝橋事件以前の日中間の戦争を「裁判の管轄外」とし、その期間の「犯罪」として訴追された内容を、すべて退けた。

パールは、満州事変について、一九三三年五月三一日に調印された塘沽停戦協定によって敵対行為は終結したとし、一九四五年まで連続した戦争の一部とすることを退けた。また、日ソ間については「一九三八年にハサン湖地域で起こった紛争」を、「日ソ共同宣言で和解している」として「戦争」の範囲外とし（訴因第二五、第三五、第五一）、「一九三九年の日本とモンゴルの紛争」については、「そもそも蒙古人民共和国は訴追国ではない」として裁判の管轄外とした〔訴因第二六、三六、五二〕。彼がもっとも取り扱いに頭を悩ませたのは、盧溝橋事件に端を発する「支那事変／日中戦争」についてである。

東京裁判の裁判所憲章の根拠とされたのはポツダム宣言とカイロ宣言である。これらにおいて用いられた「戦争」という用語は、一九四一年一二月七日に開始された戦争のことにすぎず、「それ以前の戦争は、裁判の管轄外である」という判断が可能である。しかし、「一九三七年七月七日に日華間に開始された敵対行為には、『戦争』という名称を与えないわけにはいかない」〔東京裁判研究会一九八四b：五一八〕。

パールは、「戦争」について次のように論じる。

> 戦争とは、二個またはそれ以上の国家の間における武力による抗争であり、たがいに相手を圧倒することを目的とする。あらかじめ宣戦布告もしくは条件付最後通牒を発せずに敵対行為に出ることは禁ぜられている。しかし、戦争はそれにもかかわらず、このような予備手続を経ないで勃発することがありうる。
>
> 〔東京裁判研究会一九八四b：五一三〕

盧溝橋事件以降の日中間の紛争は、「宣戦布告もしくは条件付最後通牒を発せずに」開始された戦いである。そのため、日本はこの紛争を「戦争」とは名づけず、「事変」という呼称を使用し続けた。また、中国側も「戦争状態に入ることを極力回避しようとしていたいわゆる中立諸国の援助を、必要としていた」ため、「戦争」と名づけることを避けていた〔東京裁判研究会一九八四b：五一六－五一七〕。

しかし、それでもパールは、盧溝橋事件以降の紛争を「戦争」と定義し、東京裁判の管轄範囲内に留めようとした。

#1

田中正明は一九六三年に出版した『パール判事の日本無罪論』（慧文社、二〇〇一年に小学館文庫に収録）の中で、この部分を次のように「誤って」意訳・解釈している。「本裁判所における管轄権は、一九四一年一二月七日以降、日本降伏までの間に起きた、いわゆる太平洋戦争中の戦争犯罪に対してのみ限定すべきである」〔田中二〇〇一：一六五〕。ちなみに、パール本人の英文は次のものである。「On a careful consideration of everything that could be said in this connection, I am inclined to the view that the word "war" as used in these declaration included the hostilities which commenced with the Marco Polo Bridge Incident of 7th July 1937」。この意訳の「誤り」は、単なる「ミス」ではなく、意図的「改竄」と捉えられても致し方がない。パールが盧溝橋事件以降を東京裁判の管轄内とすることにこだわったことを考えれば、パールの意図を著しく歪曲し、踏みにじっている。なお、田中は一九五二年に出版した『日本無罪論―真理の裁き』においては、上記の文章を正確に掲載している。なぜ、一一年前の正確な記述をあえて「改竄」して提示したのか、大きな疑問が残る。周知のとおり、田中は『松井石根大将の陣中日誌』（芙蓉書房、一九八五年）の出版をめぐって史料の大量改竄が問題にされ、研究者から厳しく批判された〔板倉一九八五〕。田中による引用や回想には史料として問題がある場合が多く、その原典を吟味する必要がある。

もし相手国が一国の武力行使にたいして武力をもって抵抗するならば、戦争は現に存在する。このように戦争とは一つの状態をいうのであり、この状態が、日華間においては、一九三七年七月七日以来存在し、継続したのである。その闘争は、まさに戦争の規模に達していた。

［東京裁判研究会一九八四b：五一三－五一四］

パールは、半ば強引に、日中戦争を東京裁判の管轄内とすることにこだわった。

第一章で見たように、インド独立運動の中心であったガンディーは、日中戦争以降、日本の帝国主義的姿勢に対して厳しい批判を発し続けた。ガンディーは、日中戦争から第二次大戦に至る経緯をファシズムの一貫した流れとして捉えており、それに対して痛烈な批評を加えた。熱烈なガンディー主義者であったパールは、ガンディーの示した認識を共有していた可能性が極めて高い。ここで日中戦争を東京裁判の管轄内とすることに固執した背景には、ガンディーからの思想的影響があったと見ることが可能であろう。実際、あとで見るように、彼が示した南京虐殺事件に対する嫌悪感には、激しいものがあった。

とにかく、パールは日中戦争以降の時期を、東京裁判の管轄範囲として判決を行うこととした。

罪刑法定主義の原則――事後法という問題

前記のように、パールは「通例の戦争犯罪」については国際法上の意義を認め、その罪を東京裁判で審議することを肯定した。しかし、裁判所憲章第五条に示された「平和に対する罪」と「人道に対する罪」に関しては、国際法上の根拠がないとして、その罪そのものを否定した。

これは罪刑法定主義の原則に関わる問題である。

罪刑法定主義とは「いかなる行為が犯罪であるか、その犯罪にいかなる刑罰を加えるかは、あらかじめ法律によって定められていなければならないとする主義」である。この原則は、近代法の根本原理の一つであり、東京裁判当時、世界的に確立されていた。

この罪刑法定主義に則する限り、「行為時に法律上犯罪とされていなかった行為を、のちに制定された法律によって処罰すること」は厳禁である。「事後法」による遡及処分は、近代法の原則からの逸脱であり、法によって支えられる秩序を根本から覆しかねない。

パールは言う。

検察側が行われたと主張する諸行為に、犯罪性があるかないかは、それらの諸行為のなされた当時に存在した国際法の、諸規則に照らして決定しなければならない。

〔東京裁判研究会一九八四a：一二五七〕

しかし、東京裁判では、国際法に則らない「平和に対する罪」によって被告が訴えられ、裁判が進行した。パールは、このような裁判を「『司法裁判所』ではなくて、『たんなる権力の表示のための道具』となる」と厳しく批判する〔東京裁判研究会一九八四a：一二六八〕。

本法廷は一つの国際軍事裁判所として設置されたものである。ここで意図されたところは、明白にこれが「司法裁判所」であることにあり、「権力の表示」であってはならないのである。その意図は、われわれが法律による裁判所として行動しかつ国際法の下に行動することにある。

〔東京裁判研究会一九八四a：一二六八〕

パールは、司法が政治に乗っ取られ、為政者の政治的意図に裁判が支配されることを厳しく非難する。なぜなら、それは「戦争に勝ちさえすれば、自分たちの思い通りに裁判を行うことができる」という誤ったメッセージを世界に敷衍し、その結果、「侵略戦争をしてはならない」という意識よりも、「戦争に負けるとひどい目にあう」という意識だけを高めることになるからである。この意識が国際社会で共有されれば、戦争の撲滅よりも戦争の拡大を招くことになり、世界秩序は崩壊に向かう。真に重要なことは、正式な法的手続きの遵守と「法の支配」の確立であると、パールは深く認識していた。

かような裁判を行うとすれば、本件において見るような裁判所の設立は、法律的事項というよりも、むしろ政治的事項、すなわち本質的には政治的な目的にたいして、右のようにして司法的外貌を冠せたものである、という感じを与えるかもしれないし、またそう解釈されても、それはきわめて当然である。儀式化した復讐のもたらすところのものは、たんに瞬時の満足に過ぎないばかりでなく、窮極的には後悔をともなうことはほとんど必至である。しかし国際関係においては秩序と節度の再確立に実質的に寄与するものは、真の法律的手続きによる法の擁護以外にありえないのである。

〔東京裁判研究会一九八四a：一二六八－一二六九〕

このような観点から、パールは東京裁判における罪刑法定主義からの逸脱を反文明的行為と断罪する。

勝者によって今日与えられた犯罪の定義に従っていわゆる裁判を行うことは敗戦者を即時殺戮した昔とわれわれの時代との間に横たわるところの数世紀にわたる文明を抹殺するものである。かようにして定められた法律に照らして行われる裁判は、復讐の欲望を満たすために、法律的手続を踏んでいるようなふりをするものにほかならない。それはいやしくも正義の観念とは全然合致しないものである。

〔東京裁判研究会一九八四a：一二六八〕

この部分は、「パール判決書」の中でも、パール自身の文明観が率直に表現されている重要な箇所だ。彼は、東京裁判を「文明の裁き」とした検事側に対して、「事後法」による裁判の実施こそが「数世紀にわたる文明を抹殺」する行為であると、逆に厳しく非難した。彼にとっては、政治的意図によって法の原則を踏みにじり、復讐の欲望を満たすために裁判を行うことこそが、野蛮な非文明的行為そのものだったのである。ここには、彼が古代インド法の専門家として議論してきた法観念や文明観が、色濃く反映されているといえよう。為政者が政治的意図に基づいて法を変更させることは、インド人法学者パールの目には反文明的行為としか映らなかったのである。

パールは、次のようにも言う。

戦勝国が任意に犯罪を定義した上で、その犯罪を犯した者を処罰することができると唱えることは、その昔戦勝国がその占領下の国を火と剣をもって蹂躙し、その国内の財産は公私を問わずすべてこれを押収し、かつ住民を殺害し、あるいは捕虜として連れ去ることを許されていた時代に逆戻りするにほかならない。国際法が戦勝国にたいしこのようにして任意に犯罪を定義することを許さなければならないこととなった時には（英国の政治漫画家）デイヴィッド・ローの「平和」にあるように、数世紀前にたしかまえに進むつもりで旅路についた国際法が、いつの間にか出発点に逆戻りしていることに気がついて、唖然とするであろう。おそらく人類もまたその驚きを外面に示さぬだけの文明人となってはいても、内心では同様の驚きを感ずるであろう。

［東京裁判研究会一九八四a：二七四］

ただし、繰り返しになるが、パールは裁判の構成を全面的に否定しているわけではない。なぜならば、問題の本質は、「誰が裁くか」ということではなく、「裁く者が征服者の意図から自由か否か」という点にあるからだ。

国際裁判所はだれによって設置され、またはだれによって構成されているとしても、かような征服者の意思表示によってなんら拘束されるものではないという意見をもっている。

［東京裁判研究会一九八四a：二七七―二七九］

パールが最終的に重視したのは、裁判官の公正さと勇気である。裁判官が戦勝国の政治的意図に追随するのではなく、母国の利害関係から離れて、一人の中立公正な裁判官として判決を下すことこそが、法による正義を死守し、国際秩序を保全することを可能とするからだ。

いかに検察側の主張が戦勝国の政治方針に拘束されていようと、任命された裁判官たちが一人の法律家としての矜持を保ち、毅然として判決を下せば、罪刑法定主義という法の大原則を守ることができる。問題と責任の核心は、裁判を政治的意図に沿って進めさせようとする連合国の政治指導者にあるのではなく、裁判の政治的中立性を保つべき裁判官にこそあると、パールは認識していた。

パールは、人類が歴史的に築いてきた「法の支配」という文明を、判事に選出された自分こそが死守しなければならないという使命感を強く抱いていた。

裁判所憲章の性質

次に、パールは東京裁判の存立を規定する「極東国際軍事裁判所憲章」を問題視する。

前記のように、一九四六年一月一九日に発布された裁判所憲章では、「通例ノ戦争犯罪」以外に、「平和ニ対スル罪」と「人道ニ対スル罪」が犯罪として掲げられ、それぞれの定義が示された。

パールは、このような裁判所憲章が、国際法の原則を大きく逸脱していると厳しく批判する。

まず、彼は裁判所憲章の性格を「犯罪を定義するものではなくて、ある行為についてそれを行った人を裁判所の管轄権の下におくような行為をたんに明示しているに過ぎない」〔東京裁判研究会一九八四a：二七八－二七九〕とし、裁判所憲章は「たんに裁判所において審理されるべき事柄を規定するにとどま」らなければならないと主張する。また、裁判所憲章で規定された事柄が国際法に照らして「犯罪か否か」を決定することは、あくまでも裁判所にゆだねられており、裁判所憲章自体が、法的判断を下すことはできないとする。そして、国際法に依拠しない新たな法として機能することを厳格に否定し、この裁判所憲章が如何に法の原則を逸脱しているかを厳しく批判する。

国際法の現状のもとにあっては、一戦勝国、または戦勝国の集団は、戦争犯罪人を裁くための裁判所を設置する権限をもっているであろうが、いやしくも戦争犯罪に関して新しい法律を制定し、公布する権限は持っていない。かような国家または国家群が、戦争犯罪人の裁判のために、裁判所条例（憲章のこと－引用者）の公布にとりかかるときには、国際法の権威のもとにおいてのみそうするのであって、主権の行使としてするのではない。戦敗国民または占領地にたいする関係においてさえ、戦勝国はそれらにたいする主権者ではないと本官は信じる。〔東京裁判研究会一九八四a：二九〇〕

ここで問題になるのが、ポツダム宣言受諾による「無条件降伏」の性質についてである。彼は、仮に日本が「無条件降伏」したとしても、連合国は軍事的占領国としての役割を担うにすぎず、その主権まで獲得したわけではないと説く。そして、戦勝国は戦敗国の主権を制限し、占領政策を行使する主体として存在するにすぎず、主権者そのものになったのではないと主張する。

たんなる占領、敗北および条件つき降伏あるいは無条件降伏が、戦敗国の主権を勝者に付与するものではないことは明らかである。征服前の戦勝国の法的地位は、軍事占領国のそれと同様である。戦勝国が戦敗国に関してどのようなことをしようとも、それは軍事占領国の資格において行うのである。軍事占領国は被占領国の主権者ではない。

［東京裁判研究会一九八四ａ：二一九五］

パール曰く、国家主権というものは、戦争に負けたとしても、別の国に全面的に委譲されるようなことはない。戦敗国の主権は、その国が完全に滅亡したと認定される場合は「存在セザルモノ」となるが、その他の場合は、単に一時的な停止状態におかれているにすぎず、占領国に付与されるということはない。「まことに主権は国家そのものから切離すことのできる神秘的なものではない」［東京裁判研究会一九八四ａ：二一九四］。

そのため、占領国が被占領国に対して行う占領政策には、一定の制限が加えられる。当然、俘虜となった戦争犯罪容疑者に対して「事後法」を制定し、それに基づいて裁判を行うことなどできない。ましてや、東京裁判は国内裁判ではなく、れっきとした「国際軍事裁判」であり、徹頭徹尾、国際法の遵守が求められる。「かれらの犯罪を決定するために国際的な裁判所によって適用されるべき『事後法』を公布するような立法行為をなすことはできない」〔東京裁判研究会一九八四a：二九六〕。

パールは、次のように明言する。

勝利は勝者に対して無制限で、しかも確定されていない権力を付与するものではない。戦争に関するいろいろな国際法規は、戦敗国に属する個人にたいしての勝者の権利と義務を確定し、規律している。それゆえ本官の判断では、現存する国際法の規則の域を超えて、犯罪に関して新定義を下し、その上でこの新定義に照らし、犯罪を犯したかどによって俘虜を処罰することはどんな戦勝国にとってもその有する権限の範囲外であると思う。

〔東京裁判研究会一九八四a：二九八〕

戦勝国は、戦争犯罪人を裁くための裁判所を開設する権限を有している。裁判所憲章の制定自体には問題はない。しかし、戦勝国が裁判所憲章で新たな罪を創作し、立法を行うような権限は有していない。国際法に依拠しない新しい罪を創作することを、文明社会は認めていないとパールは主張する。

かような国家（戦勝国―引用者）によって設置された裁判所は、たしかに法律上有効な機関である。しかし、もし問題の国家が国際制度のうえの一般に認められた規則のもとにおいてその権限を超えて、立法することをも意図するならば、その立法は「越権」となることがありうる。
〔東京裁判研究会一九八四a：三〇一－三〇二〕

裁判官は、裁判所憲章の内容が「越権」行為であるかどうか、疑義を挟む権利を有している。なぜならば、「本裁判所条例そのものでさえその権能を国際法から継受している」からであり、裁判官は「国際法の権威にもとづいて本裁判所条例の諸規定が法律上有効であるか否か」を検討しなければならない〔東京裁判研究会一九八四a：三〇〇－三〇一〕。

パールは、「侵略戦争」が国際法上、犯罪として成立しているかどうかを綿密に検討する必要があると説く。そして、もし「侵略戦争」を国際法違反とみなせないならば、「平和に対する罪」は罪刑法定主義からの逸脱であり、裁判所憲章の内容は「越権」行為とされなければならないと主張する。

パールは、次に「戦争は国際法違反と認定できるのか？」という問いを設定し、その理論的検討を行う。

戦争は国際法違反か？

まず、パールは次の四つに期間を区分する。

1．一九一四年の第一次世界大戦までの期間。
2．第一次世界大戦よりパリ条約調印日（一九二八年八月二七日）までの期間。
3．パリ条約調印日より本審理の対象たる世界大戦開始の日までの期間。
4．第二次世界大戦以降の期間。

〔東京裁判研究会一九八四a：三〇四〕

このうち、第一と第二の期間に関しては「どんな戦争も犯罪とはならなかったということは十分に明白であると思われる」とし、第三、第四の期間を本格的な検討の対象とする〔東京裁判研究会一九八四a：三一二〕。

ここで問題は、一九二八年に締結されたパリ条約の解釈である。「不戦条約」とも言われるパリ条約には、次のような条文が明記されている。

第一条　締約国ハ国際紛争解決ノ為戦争ニ訴フルコトヲ非トシ且其ノ相互関係ニ於テ国家ノ政策ノ手段トシテノ戦争ヲ抛棄スルコトヲ其ノ各自ノ人民ノ名ニ於テ厳粛ニ宣言スル

第二条　締約国ハ相互間ニ起コルコトアルベキ一切ノ紛争又ハ紛議ハ其ノ性質又ハ起因ノ如何

ヲ問ハズ平和的手段ニ依ルノ外之ガ処理又ハ解決ヲ求メザルコトヲ約ス

パールは、この条文の不備を鋭く指摘する。パリ条約では、「国際紛争解決のため、戦争に訴えること」を「非とし」、「国家の政策の手段としての戦争を放棄すること」を宣言しているものの、「自衛権」を主権国家固有の権利とみなすことが前提となっており、また、戦争が「自衛戦争であるか否か」の判定を当事者国自身が行うことになっている。パールは、パリ条約が「自衛戦とはなにかという問題を当事国自身の決定にゆだねた」ことによって、戦争を国際法違反とする「効果」を完全に消滅させてしまったと論じる。そして、次のように主張する。

本官の意見では、どのような規則によるとしても、ただ当事国だけが、自己の行動を正当化しうるものであるか否かを、判定するものとして許されている場合には、その行動は正当な理由を要求するどのような法律にたいしても、その圏外に立つものであり、またその行動の法的性格は依然として、そのいわゆる規則によって影響されることはないのである。

〔東京裁判研究会一九八四a：二三四五〕

どのような国でも、戦争をするときに「侵略」を目的として掲げることはない。ほとんどの場合、交戦国は「自衛のための戦争」であることを主張し、自国の自衛権の発動とその正当性を訴える。主権国家の自衛権を認め、「自衛か否か」の判定を当該国にゆだねてしまっている以上、戦争そのものを国際法違反とすることは難しい。

パールは、パリ条約においてこのような「自衛権」に関する留保を容認したことを、最大の問題とする。結局のところ、パリ条約は「不法な交戦国に対する世界の輿論を不利にする」という効果を生んだだけで、「戦争は犯罪」という原則を確立することには成功していない。パリ条約は法としての機能を有しておらず、戦争そのものの正否に関わる法的問題は、条約締結によって何も解消されていない。

パールの指摘は、鋭く厳しい。

本官自身の見解では、国際社会において、戦争は従来と同様に法の圏外であって、その戦争のやり方だけが法の圏内に導入されてきたのである。パリ条約は法の範疇内には全然はいることなく、したがって一交戦国の法的立場、あるいは交戦状態より派生する法律的諸問題に関しては、なんらの変化ももたらさなかったのである。

［東京裁判研究会一九八四ａ：三五二］

今日にいたるまでどの国も、ある特定の戦争が「防衛戦」であるか否かの問題を裁判に付しうるとするだけの用意をもっていない。国家がこの点に関する自己の決定を最終的のものとする考えを持続するかぎり、どのような戦争も犯罪とはされないのである。
〔東京裁判研究会一九八四a：三六一〕

パールの見解によれば、パリ条約は、戦争の行使について刑事上の責任を導入することに失敗している。パリ条約の結果として、国際法違反に問われた戦争は存在しない。戦争そのものは法の領域の外に置かれ、戦争遂行のための方法だけが規制の対象とされたに過ぎないのである。

魔法にかけられた冒険者

さらに問題なのが「侵略戦争」の定義である。この定義が定まらない限り、「侵略戦争か否か」の認定ができず、それ自体を犯罪とすることはできない。

しかし、「自衛戦争」の正当性を認める以上、厳密な法概念として「侵略戦争」を定義することは難しい。パール曰く、「侵略という言葉ほど弾力性のある解釈または利害関係に左右された解釈のできるものはない」〔東京裁判研究会一九八四a：四七八〕。

そして、将来の可能性はともかく、二〇世紀半ばの国際社会において、この定義が確立されたとは言いがたい。

パールは言う。

現在のような国際社会においては、「侵略者」という言葉は本質的に「カメレオン的」なものであり、たんに「敗北した側の指導者たち」を意味するだけのものかもしれない。

〔東京裁判研究会一九八四ａ：五〇〇〕

このような現状で、特定の戦争を「侵略」と断定し、その当事者を「犯罪者」として裁くことには問題がある。しかし、連合国はそのような「裁き」を強行しようとしている。

では、連合国は、厳密な意味での「法」ではなく、何に依拠して被告人を裁こうとしたのだろうか？それは、「社会通念」である。結局のところ、連合国は法ではなく、国際社会上の社会通念に基づいて裁判を挙行したのである。

確かに被告人たちは、国際社会の通念上、不当な行いを繰り返したかもしれない。一般的道徳に反することも行ったかもしれない。しかし、だからといって「法による正義」を拒否し、「法によらない正義」を肯定することになっては、国際秩序そのものが崩壊する。

パールはこの点を指摘して、次のように論じる。

法のもっとも本質的な属性の一つとして、その断定力があげられる。法によらない正義、すなわち立法府または行政府による正義（すなわち処分）よりは、法による正義（すなわち裁判）をわれわれが選ぶのは、おそらくは、この断定力があるからであろう。法による正義の優れている点は、裁判官がいかに善良であり、いかに賢明であっても、かれらの個人的な好みやかれらの特有の気質にのみもとづいて判決を下す自由を持たないという事実にある。戦争の侵略的性格の決定を、人類の「通念」とか「一般的道徳意識」とかにゆだねることは、法からその断定力を奪うに等しい。

〔東京裁判研究会一九八四a：四八〇〕

しかし、今回の裁判では、「侵略」の定義すら確立されていないにもかかわらず、「平和に対する罪」が事後法的に設定され、被告人たちが「法的」に裁かれようとしている。パールは、このような「法によらない正義」が、あたかも「法による正義」の仮面をかぶって横行することを厳しく批判し、その危険性に警告を鳴らす。

どのような法の規制にせよ、それは流砂のように変転きわまりない意見や、考慮の足りない思想といった薄弱な基礎のうえに立つものにしてしまってはならない。その規則が曖昧であることを、魔法にかけられた冒険者がいっさいの困惑から解放してくれるものと思うところの魔の鈴として早合点して、これを受けいれてはならないのである。

［東京裁判研究会一九八四a：四八〇］

――「事後法」という「魔の鈴」によって「魔法にかけられた冒険者」たち。パールの目には、「法による正義」を覆そうとする連合国こそ、国際秩序を危うくする危険な存在と映ったのである。

連合国の欺瞞

さらにパールは、敗戦国だけが「侵略」行為を行ったとする連合国の欺瞞を明示するために、ソ連とオランダを例に挙げて、痛烈な皮肉を投げかける。

そもそも、ソ連とオランダは東京裁判の訴追国であるが、両国とも日本に対しては自国の側から宣戦布告をし、戦争を開始した。もし「宣戦布告」をもって「侵略」を定義するならば、ソ連とオランダは「侵略国」であることになる。

また、ソ連の対日宣戦に関しては、「自衛のための戦争」と考える余地はなく、防衛戦争とは到底言えない。

すでに敗北した日本にたいする戦争の中に「方法を選ぶことも、また熟考の時間をも許さないような緊急かつ圧倒的な自衛の必要」を読みとることは、おそらく困難であろう。

〔東京裁判研究会一九八四a：四八八〕

しかし、国際法上、「侵略」の定義が確立されておらず、戦争そのものを犯罪とみなすことができない以上、ソ連もオランダも法的には「無罪」である。もし、「侵略戦争」の定義を確立されたものとみなし、それに依拠して「平和に対する罪」が適用されるならば、少なくともソ連は「侵略戦争を開始した罪」を犯したことになる。また、ソ連はフィンランドに対しても同様の罪を犯し、さらには「人道に対する罪」をも適用されなければならないことになる。

パールはこのような矛盾を示した上で、次のような皮肉を述べる。

みずからかような犯罪を犯した国々が、自国民中の同種の犯罪人を等閑に付し、一丸となって戦敗国民を同様の犯罪のかどで訴追しようとは、かりそめにも信じられないので、本官は、各国は侵略ということに関して、この結果を生ずるような判定の標準のいずれをも採用していない、という結論に達するものである。

［東京裁判研究会一九八四ａ：四九二］

東京裁判の時点で、国際法は「侵略」を犯罪とするまでに整備されておらず、いかに道義的・社会通念的に問題があろうとも、戦争の当事者を「平和に対する罪」で処刑することはできない。この点において（「通例の戦争犯罪」は別にして）、日本もソ連も同様に国際法上の罪を問うことはできない。同様の論理は、西洋諸国による植民地支配に対しても適用される。

いずれにせよ、「不当な」戦争は国際法上の「犯罪」であるとはされなかったのである。実際において、西洋諸国が今日東半球の諸領土において所有している権益は、すべて右の期間中（第一次世界大戦以前－引用者）に主として武力をもってする、暴力行為によって獲得されたものであり、これらの諸戦争のうち、「正当な戦争」とみなされるべき判断の標準に合致するものはおそらくひとつもないであろう。

［東京裁判研究会一九八四ａ：三〇四］

植民地獲得のための戦争は「不当」なものである。そのような暴力行為を「正当な戦争」とみなすことは決して出来ない。しかし、いかに不当な戦争であろうとも、国際法上の犯罪ではない以上、それを犯罪として裁くことはできない。

パールは、厳密な法学者として、植民地支配そのものを国際法違反とすることはできないという立場をとった。しかし、イギリスの植民地支配に抵抗し、ガンディーの独立運動に賛同する一人のインド人として、西洋の帝国主義に対する義憤を隠さなかった。

ただもう一度つぎのことを述べておきたい。すなわち東半球内におけるいわゆる西洋諸国の権益は、おおむねこれらの西洋人たちが、過去において軍事的暴力を変じて商業的利潤となすことに成功したことのうえに築かれたものであると。もちろんかような不公正はかれらの責任ではなく、この目的のために剣に訴えたかれらの父祖たちのしたことである。しかし「暴力を用いる者が、その暴力を真心から後悔しつつ、しかもそれと同時に、この暴力によって利益をうるということは永久にできない」と述べることは、おそらく正しいものと思う。

〔東京裁判研究会一九八四a：五三四〕

パールはこのような怒りを、東京裁判当時の連合国に向ける。彼らは、日本の帝国主義を断罪し、その指導者たちを「平和に対する罪」で裁こうとする一方で、自らの植民地を手放そうとしないばかりか、日本が撤退した後の植民地の奪還を図り、再び帝国主義戦争を起こしている。そのような状況が、裁判と同時進行的に繰り広げられていることの欺瞞と矛盾を、パールは冷静に指摘した。

全人類がひとしく幸運であったのではないのであり、人類の相当部分はいまでもなお政治的支配から脱れたいという望みに絶えずかられているのである。これらの人々にとっては、現代とは全体主義の脅威ばかりでなく、帝国主義の現実の害毒に直面している時代なのである。

〔東京裁判研究会一九八四a：四八五〕

パールにとって、日本のアジア侵略も西洋諸国の植民地支配も、道義的・社会通念的には、間違いなく不当な行為であった。しかし、何度も繰り返すように、法学者という立場上、彼はそれを国際法上の犯罪と認定することはできなかった。また、そのようなことは文明社会のルール上、絶対にしてはならないことであった。

パールは訴える。

もし事後法を認める東京裁判が成立するなら、国際社会は戦争をしてはならないという認識の共有には向かわず、戦争に勝ちさえすれば国際法を無視して自分たちの都合のよいように裁くことができるという認識を広めることになる。東京裁判は、結果として侵略戦争の撲滅ではなく、侵略戦争の拡大につながり、国際秩序の根本が崩壊する。そのような事態は、絶対に避けなければならない。

パールは、次のように言う。

われわれの取り扱っているのは、関係当事者が全員一致のもとに合意に達した規則だけが、法の地位を占めるにいたった社会である。新しく作られた先例は、平和を愛好し、法を遵守する国際団体の各構成員を保護する法とはならず、かえって将来の戦勝国に有利であり、将来の戦敗国に不利な先例となるにすぎないであろう。疑わしい法理論を誤って適用すれば、必ず、渇望の的たる国際社会の形成そのものに脅威を与え、将来の国際社会の基礎そのものを動揺させることになるであろう。

〔東京裁判研究会一九八四a：三七九〕

パールは、「法」が強者の意思に応じて適応されたりされなかったりするような「ジッグソウ・パズル」的存在であってはならないと警告する。そして、「法の断定力」の重要性を強調した上で、次のように断言する。

法は、人間の合理性および人間の天賦の正義感から発するものである。

〔東京裁判研究会一九八四a：三七九〕

ただし、パールは人間の「裸の理性」を信用していたわけではない。彼にとって「人間の合理性」と「正義感」は、神から与えられた「天賦」のものであり、法は「真理」に基づいていなければならない。一方、人間はどこまでも不完全な存在である。そのため、人間の手によって制定される法は、人間存在と同様に不完全な存在である。法は「真理」を表現していなければならないが、真理そのものではない。

しかし、人間は不断の努力によって、その不完全な法を、より高次のものへ高めようとする必要がある。社会秩序を保持するために法を改善し続ける営為こそ、法治社会に必要不可欠なものである。

（法は）人間社会の存続を可能とする動的な人間力である。

［東京裁判研究会一九八四a：一二七八］

だからこそ、国際法は今後、全人類の「人間力」によって、発展させていかなければならない。しかし、第二次世界大戦当時の国際法は、「侵略戦争」の定義もできず、戦争を全面的に禁止することすらできない過渡的な存在である。強国の憎むべき「汚点」を犯罪として裁くことができるほど、国際法は発展していない。

ではパールは、国際法および国際社会がどのような発展をとげるべきと考えていたのであろうか。

彼が期待をかけたのは、「世界連邦」という構想であった。

世界連邦の理想

パールは、次のように断言する。

法の支配の下にある一個の国際団体の形成、あるいは正確にいえば、国籍や人種の別の存在する余地のない、法の支配下にある世界共同社会の形成を、世界が必要としていることを本官は疑わない。

［東京裁判研究会一九八四a：二二八五］

国際法が厳密な形で施行されるには、国家という存在を超えて「法の支配下にある世界共同社会」が形成されなければならない。戦争を撲滅し、人種差別を乗り越えるためにも「かのスーパー・ステイト」が「強く要望されている」［東京裁判研究会一九八四a：二一八九］。

しかし、国家を超えた世界連邦が、すぐに現実のものになるという安易な展望を、パールは抱いていなかった。彼は、あくまでも世界連邦という理想に向けて、国際社会のシステムを漸進的に改革していく必要があると考えていた。そして、まずは国家主権を前提とする国際機構の確立こそを実現すべきであると説いた。

国家の外部的均衡関係にもとづいた全人類の連邦が、将来の理想であるかもしれない。そしておそらくは、すでにわれわれの時代の人々もかような構想を念頭に描いているであろう。しかしこの理想が実現されるまでは、国際団体（インターナショナル・コミュニティ）の――もしこれを一つの団体（コミュニティ）と呼ぶことがすこしでもできるとすれば――根本的な基礎となるものは現在においても、将来においても、依然として国家主権であろう。

［東京裁判研究会一九八四ａ：三六〇］

しかし、現段階では国家主権を前提とする国際機構も、まだ十分には確立されていない。

国際団体は、まだ「世界連邦」にまでは発展していないのであり、かつおそらくいまだに、世界の国家群の、どれ一つとして、「共通の福祉」の管理者であると主張することのできるものはあるまい。

［東京裁判研究会一九八四ａ：三九〇］

そのため、国際法の施行には、つねに大きな困難が伴う。「スーパー・ステイト」が確立されていない以上、国際法違反国に対する制裁や処罰を下す絶対的で具体的な実行力が存在せず、法の執行は、その時々の世界事情と勢力関係に規定されてしまうのである。

だからこそ、パールは国際法を遵守・履行するための国際機構を早期に整備・確立する必要性を強く説いた。そして、そのような国際機構を「世界連邦という理想」に近づけていこうとする「人間力」こそが、国際社会の秩序を安定させると考えたのである。

原爆投下は国際法違反か？

パールは、このような観点から広島・長崎に投下された原子爆弾の問題に踏み込む。

彼は、アメリカの原爆投下を次のように厳しく批判した。

本官自身としては原子爆弾を使用した人間が、それを正当化しようとして使った言葉の中に、かような博い人道観を見出すことはできない。事実、第一次世界大戦中、戦争遂行にあたってみずから指令した残忍な方法を正当化するために、ドイツ皇帝が述べたといわれている言葉と、第二次大戦後これらの非人道的な爆撃を正当化するために、現在唱えられている言葉との間には、さして差異があるとは本官は考えられないのである。

〔東京裁判研究会一九八四ａ：三七四〕

原爆投下は「残忍」で「非人道的」な行為である。それを決して許すことはできない。しかし、いかに卑劣な行為であっても、「人道に対する罪」は国際法の上では未だ成立していないため、原爆投下をこの罪で裁くことはできないとパールは言う。[#2]

国際社会というものがあるとしたならば、それが病気にかかっていることには疑いはない。おそらくは国際団体を構成する諸国家は、計画社会への過渡期にあるというのが、現在の事態であるともいえよう。

〔東京裁判研究会一九八四ａ：三七五〕

#2

ただし、パールは意見書の後半で、アメリカの原爆投下を「通例の戦争犯罪」に問うべきとの見解を、次のように示唆している。「もし非戦闘員の生命財産の無差別破壊というものが、いまだに戦争において違法であるならば、太平洋戦争においては、この原子爆弾使用の決定が、第一次世界大戦中においけるドイツ皇帝の指令および第二次世界大戦中におけるナチス指導者たちの指令に近似した唯一のものであることを示すだけで、本官の現在の目的のためには十分である」〔東京裁判研究会一九八四ａ：五九二〕。

原爆投下という非人道的行為すらも国際法にもとづいて裁くことができないのが、国際社会の現状である。

国際社会は間違いなく「病気にかかっている」。しかし、これは現在の国際社会が、国際機構の確立へ向けて進む「過渡期」の現象であり、将来は解消されるべき問題である。だから、「現存の法を枉げてまで」確立されていない犯罪を適用してはならない。

パールは、あくまでも「道義的な戦争責任と法的な戦争犯罪は別」という立場を堅持した。アメリカの原爆投下に対しても、日本のアジア侵略に対しても、「通例の戦争犯罪」以外の犯罪（「平和に対する罪」「人道に対する罪」）を適用してはならないと、彼は一貫して主張した。

共産主義批判

一方、パールが当時の国際社会において批判すべき対象と見なしたのが、共産主義勢力であった。パールは断言する。

共産主義の発展は正当な観念によって導かれておらず、したがって共産主義者はそのほかの世界にとって真に信頼のおける安全な隣人ではないということである。

〔東京裁判研究会一九八四ａ：五〇四〕

パールはここで、東京裁判の意見書という枠を超えて、「共産主義の脅威」に対する警告を繰り返した。

一九一七年過激派が露国を手中に収めて以来、共産主義が世界の悪夢となったことは周知の事実である。現存の諸国がそのいわゆる「共産主義の脅威」の中に予期していた「破滅」は、おそらく外部からくる力の破壊的攻撃ではなく、むしろ内部からの社会の自然的崩壊であった。しかしながら諸国はこの脅威を表現するにあたって、いずれもこの内部崩壊的疾患を軽視して、あるいはまったく無視して、むしろ外部から加えられる攻撃の妄想を強調したがっていた。

〔東京裁判研究会一九八四ａ：五〇二〕

この意見書が書かれた一九四八年当時、中国における共産主義勢力の拡大は、東アジアにおける最大の関心事であった。世界は資本主義陣営と共産主義陣営に二分化されつつあり、その対立は深刻度を増していた。

このような事態に対するパールの危機感が、ここでは厳しい共産主義批判となって現れたのだろう。

彼の批判は、容赦なく続く。

共産主義的理想における「民主主義」とは、今日行われている「民主政治」の衰滅を意味し、また暗示している。共産主義的「自由」の実現の可能性は現在の民主主義国家組織が消滅してはじめてあらわれるのである。

〔東京裁判研究会一九八四a：五〇三〕

パールのこのような記述は、のちに歴史学者の家永三郎から「極端な偏見にみちみちた見解」と批判され、「反共イデオロギー」という政治的立場からの演繹的解釈として問題視された〔家永一九七三：三六－四三〕。法律家としての中立性を強調したパールであったが、共産主義に対しては、一貫して厳しい立場を堅持した。

パールは、この後も日中関係や日ソ関係の歴史解釈の中で、「反共産主義」という立場を明確にしつつ、分析を展開する。

共同謀議という問題

さて、「パール判決書」は、ようやくのことで第一部から第三部までを終え、第四部の「全面的共同謀議」へと突入する。ここからは、一九二八年以降の歴史過程に対するパールの解釈と認識が提示される。

ここでパールが繰り返し指摘したことは、張作霖爆殺事件から日米開戦にいたる歴史過程には一貫した方針などなく、指導者による共同謀議なども存在しなかったということである。

パールは、次のような山岡弁護人の言葉を引用している。

> 検察側が訴追しかつ描写しようとした共同謀議なるものはかつて司法裁判において論述せんと試みられたもっとも奇異にしてかつ信ずべからざるものの一つである。すくなくとも最近十四年間にわたる相互に孤立した関係の無い諸事件が寄せ集められ、ならべたてられているに過ぎないのである。
>
> 〔東京裁判研究会一九八四ａ：六二一〕

パールは、指導者たちによる共同謀議が存在しないことを証明することで、検察の訴追内容を切り崩そうとした。個別的で相互関係を有さない事件・出来事が、一貫した侵略的方針に基く共同謀議によって引き起こされたというストーリーに、パールは真っ向から批判を加えたのである。

種々の事情を簡単に、相互にあてはめ、また必要があればすこし無理をしても、それらを一つの関連した全体の各部分に作りあげるということを、われわれは、好んでやり勝ちであるが、すくなくとも現在のわれわれはそれをしてはならないのである。

〔東京裁判研究会一九八四ａ：六二五〕

以降、彼は一九二八年以降の歴史過程を、この視点から論じていく。彼は、検察側が「平和に対する罪」の根拠とした「全面的共同謀議」の存在を覆すことによって、訴追の不成立を立証しようとしたのである。

これが「パール判決書」の歴史記述が意図するものである。第四部以降の「パール判決書」は、「共同謀議」の存在の否定を最大の目的として書かれており、訴追内容の誤謬や矛盾を突くことを意図して議論の構成がなされている。われわれはこの点を常に念頭において、「パール判決書」を読む必要がある。

パールは個別の歴史事象を取り上げる前に、次のような言及を行っている。

これらの材料（提出された証拠のこと―引用者）がその相互の間において、また訴追された全面的共同謀議との間において、実際どの程度まで関連しているかを判断することはわれわれの任務であり、それらの材料が個々に有する意義およびそれらの総合的な意義を研究することこそ、われわれのなすべきことである。

（中略）種々の状況を安易にたがいに適合させることによって自己の心を満足させるということはありがちなことであるが、これはわれわれとしては、してはならないことである。無意識の希望に属するものであって、ほとんど衝動の赴くところに従うようなものを、何事にせよ真実として受入れたがる心理をわれわれは避けなければならない。

〔東京裁判研究会一九八四a：六四七―六四八〕

しかし一方で、本文中には「全面的共同謀議」の事実認定以外に、彼独特の歴史認識や価値判断が挿入されている。全体の基調は、検察側の「共同謀議」に基く訴追内容を一つ一つ覆す形で進行するが、その間に彼の歴史認識が示され、固有の歴史解釈が展開される。この部分をつなげ合わせつつ、体系的に読むことで、彼が一九二八年以降の日本の歴史をどのように評価していたか、知ることができよう。

ただし、「パール判決書」は戦後間もない段階で書かれているため、史料的制限を大きく受けている。

のちの歴史学の発展によって解明された史実も多く、その点でパールの記述に正確でない箇所があることは否めない。しかし、今日の研究状況から、彼の記述の「誤り」を批判するのは当を失することにつながり、「パール判決書」の意義を見失う結果となりかねない。

ここでは、歴史記述の詳細な正否を問うことは極力避け、彼の論理展開と歴史認識をたどることに第一義的な目的をおきたい。

張作霖爆殺事件

さて、まず最初に問題となるのが、一九二八年六月四日に起こった「張作霖爆殺事件」である。この事件は、奉天派軍閥の首領・張作霖が、関東軍高級参謀・河本大作の陰謀によって暗殺された事件である。河本は、張作霖爆殺の混乱に乗じて関東軍による満州制圧を企てたが、この計画は関東軍参謀に周知されておらず、また奉天軍側も挑発に乗らなかったため、失敗に終わった。

検察は、この事件から日本の指導者たちによる「全面的共同謀議」が始まり、「大東亜」戦争にいたるまで、一貫して侵略戦争の計画、準備が行われたと主張した。満州事変や日中戦争、「大東亜」戦争は、彼らによる、綿密な「共同謀議」によって引き起こされた「犯罪」であると、検察側は見なしたのである。

パールは、このような見方に真っ向から批判を加えた。

彼は、張作霖爆殺事件を「たんに張作霖の殺害が関東軍将校のある一団によって計画され実行されたという一事だけである」とし、「この計画もしくは陰謀を、訴追されている共同謀議と連繋づけるものは絶対になにもない」と断定したのである。

パールは、次のように言う。


殺害を計画し、そしてそれを実行することは、それ自身がたしかに問責できることである。しかし現在われわれは、被告のいずれをも、殺人という卑怯な行為のために裁判しているのではない。われわれのまえに提起された本件に関係ある問題と、この物語との間に、どのような関係があるかを、調べなければならないのである。

〔東京裁判研究会一九八四a：七〇〇―七〇一〕

パールは、ここで明確に張作霖爆殺事件を「殺人という卑怯な行為」と断罪している。そして、河本をはじめとする事件の実行者は、殺人犯として「問責できる」と説いている。しかし、彼は陸軍の将校が卑劣な殺人事件を犯したことと、それが指導者たちの「共同謀議」であるかは別問題として、その関連性を証明する必要性を訴えている。

そして、パールの見るところ、この殺人は「共同謀議」によって企画されたものではない。事件はあくまでも限られた人間によって企画・実行されたものであり、その背景に指導者たちによる「共同謀議」があったと見なすことはできない。確かに、関東軍の多くの軍人が「満州占領を目標として」いたことは事実である。しかし、この事件が「共同謀議」によって企画され、実行されたという証拠は提出されていない。

ここでパールは、検察側が依拠する田中隆吉の証言に異議を唱える。

> 本官としては、この証人（田中隆吉のこと―引用者）からあまりよい印象を受けなかったことを告白しないわけにはいかない。また、張作霖の殺害、奉天事件その他この期間の陰険な諸事件の策謀者たちが、全部証人のところへやってきて、その兇悪な行為を自白したという言明を受け入れることは不可能である。
>
> 〔東京裁判研究会一九八四a：七一四―七一五〕

パールは他のところでも「これは本証人のいつもの癖であるが、ここでもまたかれの知っていることは、すべて共同謀議者と称される者の自発的な打明け話に由来するものなのである」として、田中証言の信憑性に疑義を唱えている〔東京裁判研究会一九八四a：七三七〕。そして、田中の証言が疑わしい以上、「共同謀議」が存在したと結論付けることはできないとし、検察の主張を明確に退けている。

また、この事件の影響で田中義一内閣が崩壊したことを「共同謀議」の結果と結論付ける検察側に対して、次のようにこれを批判している。

張作霖の殺害が、田中内閣の崩壊をもたらすために計画されたのだと、提言するのはばかげたことである。ある一人物もしくは一団の人物を後継内閣に入閣させる計画企図もしくは試みがあったことを示すものは全然ないのである。

〔東京裁判研究会一九八四a：七〇二〕

このようにパールは、張作霖爆殺事件と田中内閣の崩壊を「共同謀議」の結果とする検察の論理を一貫して批判し、個別の事件を戦犯容疑者たちの陰謀につなげようとする見方を退けた。

かようにして、訴追された共同謀議の枝節であると称せられるもののいずれとも連繋のないこの事件は、本件の目的とはなんら関連がなく、本件でそれが提出されたのは無謀でまた卑怯であるが、まったく関連性のない一事件を、この長い物語にたんに一つ追加することによって、弁護側に不利な偏見をつくり出そうというもくろみから出たものにすぎない。

〔東京裁判研究会一九八四a：七〇二〕

パール曰く、張作霖爆殺事件は、間違いなく「無謀でまた卑怯である」。この点において、河本一派の行為は非難されるべきであり、殺人事件として問責されるべきである。しかし、この事件と「共同謀議」を関連させて論じることは、難しい。関連性のない事件を「長い物語」の一部として無理につなぎ合わせ、「平和に対する罪」に問うことはできない。

ここで確認しておきたいことは、パールはこの事件を「共同謀議」の一部ではないと主張しているだけで、その行為を肯定してなどいないという点である。このことを読み間違えて、「パールは、日本軍に問題はなかったと主張している」と解釈してはならない。

これは、この後のパールの記述を読む上でも、極めて重要なポイントである。

満州事変と満州国建国

次にパールは、満州事変を取り上げる。

まず彼は、満州事変の発端となった柳条湖事件（「パール判決書」では「奉天事件」という呼称を使用）を、提出された証拠だけで日本側の陰謀と断定することは難しいと主張した。

たとえ一九三一年九月一八日の奉天事件が、関東軍の青年将校によって計画されたという田中および岡田の証言を受け入れるとしても、本官は被告の何人をもその一団または一派と関連させせるに十分な証拠を発見しない。本官の意見では、その事情は今日もなおリットン委員会の調査の結果となんら変るところがないと思う。本事件は、ある名前の知れない陸軍将校の計画の結果であったかもしれない。さらに事件のために行動した人々は、あるいは「善意ヲモッテ」行動したかもしれない。

〔東京裁判研究会一九八四a：七四九－七五〇〕

パールのここでの立論も、前述の部分と同様の構造をとっている。柳条湖事件は関東軍の将校が引き起こした陰謀かもしれないが、その一派と戦犯容疑者との関係は明確ではなく、「共同謀議」によって引き起こされたとは考え難いと彼は主張しているのである。

パールは、関東軍の行為を、次のように批判する。

一九三一年九月一八日以降の満州における軍事的な発展は、たしかに非難すべきものであった。軍事行動はただちに中止せよという内閣の一致した意見があったにもかかわらず、拡大が続いた。

〔東京裁判研究会一九八四a：七九三〕

パールは、明確に満州事変を「非難すべきもの」と断定している。また、内閣の軍事行動中止の指令に反して、事変を拡大させた関東軍の行為を問題視している。しかし、このような事態は、戦犯容疑者たちの「共同謀議」によって引き起こされ、継続されたのではないとパールは主張したのである。

何人もかような政策を賞賛しないであろう。かような政策を正当化する者もおそらくないであろう。ただしこれによって、われわれが否応なしに共同謀議の理論をとらねばならないということにはならない。

〔東京裁判研究会一九八四a：八〇三〕

パールはここから一歩踏み込み、当時の西洋諸国が国際社会で展開していた政治的・軍事的行為を批判的に取り上げる。そして、関東軍と西洋諸国は同じ穴の狢であり、連合国が自らの過去の行為を棚に上げて一方的に日本を批判し、国際法上の罪に問うのはおかしいという論を展開する。

まずパールは、満州国建国の過程を取り上げ、これを「手の込んだ政治的狂言」と批判する。そして、満州国はあくまでも日本の軍事的征服によって強制されたものだと論じ、その行為を批判的に検証する。

満州の舞台において満州国という狂言を演ずる力も、また満州の支配権を握る力も日本の「武力」によって獲得されていたのである。国際問題の評論中に述べてあるように、日本陸軍による満州の軍事的征服ならびに占領こそ、一九三二年における日本の満州における地位の真の基礎であった。そして全世界はこれが事実であることを知っていた。日本人はその不当に獲得した利得を保持するために、世界の輿論に抵抗し、かつ世界の不承認から生ずる結果の危険を冒す準備を明らかに整えていた。

〔東京裁判研究会一九八四a：八〇五〕

では何ゆえ、日本は満州の併合を宣言せず、「満州国建国」という茶番劇を繰り広げたのであろうか。パールが見るところ、それは西洋の模倣を続けてきた日本近代の歩みそのものに原因がある。

これはある点では、西洋諸国のやり方を模倣したいという願望にその原因を求めうるということもあろうかと考えられる。この願望とは、明治時代の初期から日本人の心の中に一つの「固定観念」となっていたものである。

〔東京裁判研究会一九八四a：八〇六〕

パールの批判は、日本が模倣した西洋の帝国主義へと向けられる。彼は、イギリスの国際問題研究所が発行した『国際問題概観』（The Surveyor of International Affairs）を引用し、批判の矛先を西洋諸国の植民地政策へと向ける。

婉曲に「併合」を現わす語法として、「保護国」という言葉をつくったのは、西洋の帝国主義ではなかったか。そしてかような国家構成上の擬制は、それを発明した西方諸国に役立ったのではなかったか。これこそ、フランス共和国政府がモロッコのサルタンの後を踏襲し、イギリスの王室が、東アフリカの広大な領土の所有を、アフリカの原住民から外来の欧州人の手に移した方法ではなかったか。

〔東京裁判研究会一九八四ａ：八〇六〕

パールにとって満州国建国の茶番は、西洋帝国主義の論理を日本が継承した結果に他ならなかった。にもかかわらず、連合国は自分たちの植民地支配を棚に上げ、日本の行為を「平和に対する罪」に問おうとしている。

なぜ、日本の満州国建国だけが「侵略」として断罪されなければならないのか？　日本も西洋諸国も、植民地支配をおしすすめた点では、道義的に同罪ではないのか？　西洋諸国の侵略行為が「犯罪」に問われないならば、日本の満州国建国も「犯罪」に問うことはできないのではないか？

パールは、次のように言明する。

日本人は「満州国」という狂言を演じたことについての弁明として、これらの西洋の先例を十分利用するにいたらなかったけれども、日本や西洋の先例が、この線に沿った政策を実際に日本人の心に示唆し、かつ奨励したと推察するのは不当ではないであろう。

〔東京裁判研究会一九八四ａ：八〇七〕

パールは、「本官は一国が他国の領域内に利権を保有することを是と信ずるものではない」と明言した上で、日本と西洋諸国が同じ穴の狢であることを強調する。パール曰く、当時の日本は、満州を領有しなければ自国の生活が脅かされるという「妄想」を抱いていた。「どうしてもこれを獲得することができなければ、あたかも死と破壊とに直面するであろうという想像をたくましゅう」していた。そのため、日本は「その生存にとって死活問題と考えた若干の『権益』を中国において獲得した」。このような「妄想」に基く軍事的行為は、そもそも西洋諸国が長年にわたって大規模に繰り返したことであり、日本だけの問題ではない。「ほとんどすべての列強が、同様の利害関係を西半球の領域内において獲得したのであって、かような列強のすべては右の利権がその死活問題であると考えていた」のである。〔東京裁判研究会一九八四ａ：八五八－八五九〕。

パールは、この点において、日本が満州事変を「自衛」と主張する「資格」を有していると論じる〔東京裁判研究会一九八四ａ：七五八〕。当時の国際社会において、日本が中国における権益を拡大させたことを「自衛行為」であると主張するのは当然であり、それは西洋諸国の悪しき帝国主義の「模倣」

に過ぎないとパールは主張したのである。

パールは、このような前提に基いて、次のように結論付ける。

満州における日本のとった行動は、世界はこれを是認しないであろうということはたしかである。同時にその行動を犯罪として非難することは困難であろう。

〔東京裁判研究会一九八四a：七六一〕

ただし、パールはある側面において、日本の満州占領に理解を示している。それは、「中国における共産主義発展の脅威」という側面である。

彼は、ここでも共産主義に対する敵意を露にして、次のような議論を展開する。

共産主義の発展にたいする恐怖の声が全世界に高い今日、また共産主義の発展にともなって予期される危険を防止するために、経済的ならびに軍事的に、大規模でかつ急速な準備が行われていることが、あらゆる方面から伝えられている今日、この想像上の脅威にたいする日本の憂慮、ならびにそれにともなう日本の準備および行動は、正当化されうるにせよ、えないにせよ、すくなくとも訴因第一ないし第五において主張されているような尨大な共同謀議の理論などの助けを俟たないでも、説明しうるものであることは、ここに注意を喚起するまでもないことと信ずる。

〔東京裁判研究会一九八四a：六九三―六九四〕

当時のパールにとって、共産主義勢力は疑うことのできない敵であり、そのイデオロギーの拡大は何としてでも阻止しなければならなかった。彼はこの観点から、日本の中国侵攻に一定の理解を示している。そして、この視点はリットン報告書に示された「共産主義への脅威」と同様のものであると論じている。

パールは、日本の満州占領を肯定などしなかった。満州事変は「非難すべきもの」であり、満州国建国は「妄想」に基く「手の込んだ政治的狂言」にすぎなかった。しかし、それは西洋列強の帝国主義の「模倣」であり、日本だけに限定される問題ではなかった。また満州の占領の背景には、共産勢力の脅威に対する抵抗という側面もあった。彼は、日本が満州占領に突き進んだ要因の重層性を提示し、検察がすべての侵略行為の原因を「共同謀議」に還元しようとする立論を崩そうとした。

帝国主義の時代

このような論の展開は、満州国建国以後の日中関係の分析にも適用される。例えば、一九三四年四月一七日に発表された天羽声明[#3]に触れて、パールは次のように論じている。

　一つの国家が、その国家に比較的近接した地域および諸国にたいする他の大陸の列強の行為に関しては、みずからの責任において単独に行動することは妥当かつ賢明と考えてもよいという主張は、合衆国が、モンロー主義を遵奉して行った行為に明白な前例を見出すのである。

　自衛という理由にもとづいて、合衆国は長い間、アメリカ以外の国がどのような手段によるとを問わず、米大陸の土地にたいして新たな領土的支配を獲得することに反対する権利を主張してきた。モンロー主義にふくまれている主張は自衛にもとづいている。合衆国みずからの防衛上の必要にたいする考慮が、かような主張は米大陸の一国家の政治的独立にたいして、不当な干渉を構成するものであるということを合衆国が容認するのを妨げている。本官は、なぜ日本の類似したその主張にたいして、この防衛的性格が否定され、それが侵略的性格を有するものであると呼ばれるのかわからないのである。

［東京裁判研究会一九八四a：八三七－八三八］

パールは、当時「アジアモンロー主義の表明」と見なされた天羽声明を、これまでアメリカが採ってきた政策の模倣であると主張し、日本の行為だけが犯罪とされることに疑問を投げかけた。

また彼は、検察側が「満州における経済的侵略」と指摘した一連の経済政策についても「それはせいぜい、満州国建国後、日本側は運輸ならびに通信設備の開発に意を用い、そして天然資源と重工業の開拓発展がますます重要視されたことを示すにすぎない」として、「共同謀議」の存在を全面的に否定している［東京裁判研究会一九八四a：八一八－八二〇］。

そもそも、パールの歴史観では、悪しき日本帝国主義を生み出した最大の要因は、西洋列強の植民地主義である。ペリー来航から不平等条約締結に至る過程こそが、日本を帝国主義の道へと進ませたそもそもの原因ではないか、とパールは問いかける。そして、日本の帝国主義への歩みを、西洋列強が「非難することはできない」と論じる。

#3　天羽声明とは、外務省情報部長・天羽英二が非公式に発表したもので、列強の中国に対する軍事援助や中国の排日行為を厳しく排撃すべきことが明言された。これは広田弘毅外務大臣の意向に沿った声明であり、広田・ハル（アメリカ国務長官）の間で日米親善関係の樹立が確認された直後に出されたことから、対日不信を拡大させる大きな要因となった。

これらの条約の改正のための日本の闘争が始まるのである。この闘争は一八九四年まで続いた。その期間日本は、西洋思想および科学の偉大な成果をわがものにしようと、あらゆる努力を払った。また日本は、かようにして参加を強いられた世界においては、正当と正義とは軍艦と軍団の数によって測られるものであることをも、おそらく自覚したものであろう。
これらの条約の改正を得ようとする日本の努力は、たしかに非難すべきものではなかった。

〔東京裁判研究会一九八四b：一二三〇〕

日本は「治外法権の撤廃」と「関税自主権の回復」という不平等条約の改正のため、急速な近代化を進め、西洋諸国の制度や思想を取り込んだ。その過程で日本は列強の帝国主義を「模倣」し、軍事力の増強を図った。ここに問題があることは確かであるが、果たしてこのような日本の歩みに、西洋諸国が非難をあびせかけることができるのだろうか。日本が不平等条約を改正しようと西洋の歩みに倣ったことを、列強が批判できるだろうか。

かような条約改正のための長い闘争が、日本に与えたであろうところの影響を、われわれは無視することはできない。

〔東京裁判研究会一九八四b：一二三一〕

このような観点から、パールは日清・日露戦争についても「日本の一方的侵略」という見方はとらず、あくまでも当時の帝国間の闘争の一環と見なして議論を進めた。彼にとって、日本は列強の歩みを「模倣」したに過ぎず、それを欧米諸国が一方的に「犯罪」と見なすことこそが欺瞞なのであった。パールは言う。

日露戦争の後、日本は同国（ロシアのこと―引用者）と清国の国交において、欧州諸国が立てた先例を忠実に守っているようであった。

〔東京裁判研究会一九八四b：一二四九〕

日清・日露戦争後に展開された日本の植民地拡大の過程は、「欧州諸国が立てた先例を忠実に守っ」ただけであり、これが問題ならば、西洋諸国の植民地支配すべてが否定されるべきである。しかも当時の列強は、日本の行為を侵略として非難したりなどしなかった。

当時英国は日英同盟を更新かつ強化したのであって、また当時の列強は日本の行動を侵略であるとして非難しなかったのである。

〔東京裁判研究会一九八四b：一二六一〕

さらに、その後の第一次世界大戦においては、「連合諸国が重大かつ緊急の必要を感じていたときに、貴重な援助を与え」、連合国側はそのサポートの恩恵を受けていた。そのような西洋諸国が、日本の歩みを一方的に断罪することがどうしてできようか。

パールは、次のような歴史認識を示す。

> 日本は自己の物的資源の皆無な国家であった。日本が発展の途上に立ったのは、あたかも「西洋の社会が地球上の住むことのできる諸地域および航行のできる諸海洋、現に生存する人類のすべての世代を包括し尽した」時代であった。
>
> 日本はこの点で西洋諸国を見習ったが、不幸にして日本が手を染めた時代には、かれらの能力にたいする「自由行動」と全世界的分野という二つの不可欠な資産が、もはや日本には手に入らない時代であった。われわれの考慮している時期を通じての、日本の思考と行動とにたいする責任は、実は日本を西洋化の流れに投じ、しかもその流れのむかう目標が、西洋諸国民自身さえ皆目不明であった時代に、その挙に出た初代の日本の元老に帰すべきである。
>
> 〔東京裁判研究会一九八四b：三四八－三四九〕

パールは近代日本の歩みを振り返りつつ、欧米諸国に対する鋭い批判と皮肉を投げかけた。彼は、このような逆説的アイロニーを突きつけることで列強の植民地支配を批判し、欧米諸国も日本も同じ穴の狢だという主張を展開しようとした。

日米開戦への道

パールは、日ソ関係を論じた上で、日米開戦のプロセスを論述する。彼は一九三〇年代以降の日米関係を詳細かつ多角的に分析しているが、ここではその要点だけを提示する。

パールは日米開戦については、日本以上にアメリカの外交方針を厳しく批判している。彼は次のように述べ、ハルノートに代表されるアメリカ政府の行為こそが、最終的に日本を追い詰めたと論じている。

日本は、アメリカとの衝突はいっさいこれを避けようと全力をつくしたけれども、しだいに展開しきたった事態のために、万やむをえずついにその運命の措置をとるにいたったということは証拠に照らして本官の確信するところである。

［東京裁判研究会一九八四b：四六一］

パールは、この意見書の中で国際問題研究所の『国際問題概観』やトインビー、シュワルゼンバーガーの著作をたびたび引用し、「西洋人ですら列強の行為を批判している」ことを強調して、検察側の主張を崩そうとした。彼はハルノートの問題についても、アルバート・ジェイ・ノックが一九四三年に出版した『要らぬ男の回想録』(Memories of a Superfluous Man)の一節を引用し、[#4]次のように述べている。

現代の歴史家でさえも、つぎのように考えることができたのである。すなわち「今次戦争についていえば、真珠湾攻撃の直前に米国国務省が日本政府に送ったものとおなじような通牒を受取った場合、モナコ王国やルクセンブルグ大公国でさえも合衆国にたいして戈をとって起ちあがったであろう」。

〔東京裁判研究会一九八四b:四四一〕

一方で、パールは日本外交にも大きな問題があったと論じ、その非を指摘している。彼は、アメリカ首脳部との交渉窓口となった野村ワシントン駐在大使の行動に触れて、次のように述べている。

その態度は無理であり、攻撃的であり、あるいは傍若無人的なものであったかもしれない。

〔東京裁判研究会一九八四b:三七五〕

そして、パールはアメリカだけでなく、日本にも開戦の責任があると指摘する。

本官がなぜ日本の関係政治家による背信行為についての検察側の主張を容認できないかという理由を指摘した。外交交渉が行われていた間に戦争準備が進められていたことは疑いがないだろう。しかしこのような準備は双方によってなされていたものである。もし日本側で「来栖、野村による交渉がその目的を達するということにほとんど確信がなかった」というならば、本官は、同時に米国側が外交上の成果にたいしてそれ以上の確信を持っていたとは考えない。

［東京裁判研究会一九八四b：五三三］

日本は外交交渉を行いつつ、対米戦争の準備を行った。このような「背信行為」は重大な問題であるが、それはアメリカも同様の問題であり、責任は双方にある。ただし、日本側には一貫した「共同謀議」など存在せず、開戦のための謀略も存在しなかった。日本は外交交渉の過程で開戦を決断し、それを実行に移しただけである。

#4

この引用に関しては、牛村圭による詳細な研究［牛村二〇〇〇：一八一－二〇七］がある。牛村によると「ブレークニが来日前にアメリカでこの本を読み、それを最終弁論で活用し」、「その一節をパルは反対意見書に」引用して、この記述が生まれた。従来、この引用部分の前後が切り取られ、パールの言葉として一人歩きすることが多く、牛村は警告を発している。

パールは日米開戦について日米双方に責任があるとしつつ、アメリカ側の強硬な外交姿勢にこそ、より重大な責任があると指摘した。

日本の指導者は「過ちを犯した」

ここで、パールは第四部を総括し、「結論」を述べる。彼の議論は、次の文章に集約されている。

日本の為政者、外交官および政治家らは、おそらく間ちがっていたのであろう。またおそらくみずから過ちを犯したのであろう。しかしかれらは共同謀議者ではなかった。かれらは共同謀議はしなかったのである。

〔東京裁判研究会一九八四b：四六六〕

パールにとって、張作霖爆殺事件以降の日本の行為は、「正当化できるものではなかった」。それは欧米列強の植民地支配と共に、肯定などできるものでは決してなかった。しかし、日本の為政者たちは、検察側が立証しようとする「共同謀議」などしていなかった。「孤立した事件」が巧みにつなぎ合わされ、一貫した侵略政策によって日本が運営されていたかのように仕立て上げられているだけである。

またパールは、日本をナチスドイツと同一視すべきではないと強調する。

東条一派は多くの悪事を行ったかもしれない。しかし日本の大衆に関するかぎり、東条一派はその大衆にたいする行為によって、大衆を、思想の自由も言論の自由もない恐怖におびえた道具の地位に陥れることには成功しなかったのである。日本の国民はヒットラーのドイツの場合のように、奴隷化されなかったのである。〔東京裁判研究会一九八四b：四七一－四七三〕

日本には、ヒトラーと同様の独裁者など存在しなかった。起訴状に述べられた期間中、「内閣または軍部における支配的地位を継続的に占めていたものは一人もいなかった」〔東京裁判研究会一九八四b：一〇〇〕のである。

近代における戦争は「ある特定の一個人、もしくは個人の集団によるなんらかの企図から生ずるものではない」。複合的な要因が重なって、「戦争の悪」が生み出されるのである〔東京裁判研究会一九八四b：一七九〕。決して、一部の人間の「共同謀議」によってのみ起こされるのではなく、またその原因を単純化して「共同謀議」に還元すべきでもない。

パールは、この結論部分で日本の為政者を「間ちがい」や「過ち」、「悪事」というネガティブな価値判断を伴う語を使って批判した。そしてその上で、「共同謀議」の存在が立証できない以上、起訴状の立論は成り立たないと主張した。これは決して「日本無罪論」や「大東亜戦争肯定論」などではない。

「厳密なる意味における戦争犯罪」

これを以って、第四部「全面的共同謀議」は終わる。そして、前述の第五部「裁判所の管轄権の範囲」が挿入され、ようやく第六部「厳密なる意味における戦争犯罪」が始まる。

パールがこのような一見奇妙な章構成をとったことには、重要な意味がある。第四部で論じた歴史過程は、あくまでも「平和に対する罪」に問われた部分であり、そもそも国際法上の犯罪として成立していなかった。パールはそれを踏まえたうえで、さらに起訴状に示された「共同謀議」が全面的に成立しないことを立証し、検察側の立論を二重に崩そうとした。パールの見解では、ここまでの部分はそもそも東京裁判にかけられること自体が否定されるべきものであり、「有罪か無罪か」が問われる以前の問題であった。

パールが厳密な意味での判決対象と見なしたのは、あくまでも「通例の戦争犯罪」に関してのみである。これは当時の国際法上でも確立された犯罪であり、「有罪か無罪か」という結論は別にして、裁判にかけられること自体に問題はない。そのため、彼はここではじめて第五部「裁判所の管轄権の範囲」に言及し、日中戦争以降を判決の対象とすることを明示したのである。

「パール判決書」の第一部から第四部までは、パールが判決を下す際の前提であり、これ以降が本来の「判決書」として意味を持つ部分である。そのことを、私たちは理解しなければならない。

南京虐殺

パールがまず追求するのは、南京虐殺事件である。

——この事件を事実と認定するか否か、事実ならばその刑事責任をA級戦犯容疑者たちに問うことができるか否か。

パールはこの問題に、果敢に挑んでいく。

まず、パールが問題にしたのが、戦争犯罪に関する証拠書類・証言の信憑性についてである。彼は次のように言及し、証言の事実認定の困難さを指摘する。

戦争犯罪の話は激怒または復讐心を産みだすものである。われわれは無念の感に左右されることを避けなければならない。われわれは感情的要素のあらゆる妨害を避け、ここにおいては戦闘中に起こった事件について考慮を払っていることを想起しなければならない。そこには、当時起こった事件は昂奮した、あるいは偏見の眼をもった観測者だけによって目撃されたであろうという特別の困難がある。

〔東京裁判研究会一九八四b：五五七〕

また、証拠書類として提出されているものには「敵側から出たいくつかの虐待事件に関する戦時宣伝」も混入しており、それが証拠として採用されるべきものか否かについては、慎重な吟味が必要である。

南京暴行事件に関する発表された記事でさえ、世界は誇張されているものであるというある疑念をもたないでは受け取りえないということである。

〔東京裁判研究会一九八四b：五六〇〕

彼はこのような視点から、有力とされた許伝音とジョン・ギレスピー・マギーの証言をとりあげ、「これらの証人はいい聞かされたすべての話をそのまま受入れ」ているとして、その信憑性に正面から疑義を唱えた〔東京裁判研究会一九八四b：五六四〕。彼は「昂奮した、あるいは偏見の眼をもった者によって目撃された事件」を事実と断定することは難しいという立場を明示し、次のように言う。

風説とか器用な推測とか、すべての関連のないものは、おそらく被害者にとってはありがちの感情によってつくられた最悪事を信ずる傾向によって、包まれてしまったのである。

〔東京裁判研究会一九八四b：五六六〕

許とマギーの証言は、伝聞や推測に基いている点が多く、思い込みが激しい。「南京虐殺」という悲劇からの演繹的解釈が目立ち、証拠としては問題が多い。

パールはこのような議論を展開した上で、次のように主張する。

本件において提出された証拠にたいしいいうるすべてのことを念頭において、宣伝と誇張をできるかぎり斟酌しても、なお残虐行為は日本軍がその占領したある地域の一般民衆、はたまた、戦時俘虜にたいし犯したものであるという証拠は、圧倒的である。

〔東京裁判研究会一九八四b：五六六〕

証拠にたいして悪くいうことのできることがらをすべて考慮に入れても、南京における日本兵の行動は凶暴であり、かつベイツ博士が証言したように、残虐はほとんど三週間にわたって惨烈なものであり、合計六週間にわたって、続いて深刻であったことは疑いない。

〔東京裁判研究会一九八四b：六〇〇〕

彼は、提出された証拠や証言に問題があることを鋭く指摘した上で、それでもなお南京虐殺の存在を証明する証拠は圧倒的であるとし、この事件を事実として認定する。南京虐殺は実際に起こった事件であり、個別的なケースはともかく、その存在自体を疑うことはできないと断言する。

パールは続けて言う。

問題は被告に、かかる行為に関し、どの程度まで刑事的責任を負わせるかにある。

〔東京裁判研究会一九八四b：五六六〕

ここで議論になるのが、A級戦犯容疑者が具体的にこの事件を指示・許可したという事実が存在するか否かである。また、具体的な指示や命令がなかったとしても、凄惨な事件が続く状況に歯止めをかけ、それを改善しようとしなかった「不作為の罪」についても争点となってくる。

パールは、ここで話を「大東亜」戦争中の虐殺事件へと移し、南京虐殺事件と合わせて判断を下すべく更なる議論を展開する。

戦争中の残虐行為

パールはまず、日本軍による残虐行為が行われた二〇箇所の地域を列挙し、その一つ一つを概観する。そして、それらの事件を「残虐な非道」と断罪し、次のように述べる。

主張された残虐行為の鬼畜のような性格は否定しえない。本官は事件の裏づけとして提出された証拠の性質を、各件ごとに列挙した。この証拠がいかに不満足なものであろうとも、これらの鬼畜行為の多くのものは、実際行われたのであるということは否定できない。

〔東京裁判研究会一九八四b：五八九―五九〇〕

彼はこのように、日本軍の残虐行為は証拠が不満足ながらも「実際行われた」ことは否定できないと断定した。そして、これらの行為を厳しく非難し、「鬼畜のような性格」をもっていたと断罪した。

パールは、このような主張を展開した上で、A級戦犯容疑者がこれらの事件の遂行に命令・授権・許可を与えたという証拠は存在しないと論じる。南京虐殺を含むこれらの残虐事件は、あくまでも現場レベルの判断で行われたものであり、その当事者たちは既にB・C級戦犯として処刑されていると主張する。

想起しなければならないことは、多くの場合において、これら残虐行為を実際に犯したかどで起訴されたものは、その直接上官とともに戦勝国によってすでに「厳重なる裁判」を受けたということである。われわれは検察側からこの犯罪人の長い名簿をもらっている。

〔東京裁判研究会一九八四b：五六六〕

これらの恐るべき残虐行為を犯したかもしれない人物は、この法廷には現れていない。そのなかで生きて逮捕されえたものの多くは、己れの非行にたいして、すでにみずからの命をその代価として支払わされている。

〔東京裁判研究会一九八四b：五九〇〕

そこで問題は、A級戦犯容疑者による「不作為の罪」に限定される。彼らの「故意」もしくは「不注意」によって残虐行為が展開し、拡大したことが立証されれば、彼らを「犯罪」に問うことができる。パールは言う。

責任は作為と同様不作為からも生ずるということは刑法では十分確立された法則である。

［東京裁判研究会一九八四b：六一二］

パールは、まずはじめに閣僚の責任を吟味する。彼は「荒木、平沼、広田、星野、賀屋、木戸、小磯、南、岡、大島、佐藤、重光、嶋田、鈴木、東郷および東条」の名前を列挙し、彼らを刑事上の罪に問うことが困難であることを説いた。

かれらがどういうようにしてかような犯罪を命令、認可または許可を与え、またかような犯罪が政府の政策に準じて行われたことを示す怠慢あるいは不作為が、かれらのほうにあったと推断する権利を与えるような証拠を、本官は見出さないのである。本官の見解によると、かれらは閣僚として戦地における軍隊を管理する義務を持たず、かような管理を行う権限をもたなかった。司令官は高位の責任ある人物であり、この点に関して、閣僚がかような高官の権能に頼ることは当然であった。

［東京裁判研究会一九八四b：六一〇］

パールによれば、ここに挙げられた閣僚たちが残虐行為を命令・許可したという事実はなく、また「不作為の罪」に問うことができるような確たる証拠は存在しない。現場の軍隊を管理する義務や権限は、それぞれの司令官が持っており、閣僚たちは直接的に現場への介入が困難な立場にあった。よって問題の対象は、事件に関与した軍隊の司令官に絞られる。

パールは、「土肥原、橋本、畑、板垣、木村、松井、武藤、佐藤および梅津」の名前を挙げ、彼らが「犯罪」の対象とされる地位と期間を限定する。

1. 土肥原　日本における東部司令官、一九四三年ないし一九四四年、シンガポール第七方面軍司令官、一九四四年ないし一九四五年四月。
2. 橋本　一九三七年、レディーバー号を砲撃した砲兵連隊長。
3. 畑　中支派遣軍司令官、一九四〇年七月ないし一九四四年。
4. 板垣　朝鮮軍司令官、一九四一年七月ないし一九四五年三月、シンガポール第七方面軍司令官、一九四五年四月ないし一九四五年八月。
5. 木村　ビルマ日本軍司令官、一九四五年三月ないし終戦
6. 松井　支那派遣軍司令官、一九三七年一〇月ないし一九三八年二月（南京暴行事件、一九三七年一二月）。
7. 武藤　スマトラ近衛第二師団長、一九四三年、山下大将指揮フィリピン島第十四方面軍参謀長、一九四四年。
8. 佐藤　支那派遣軍参謀副長、一九四五年一月、ついで終戦までインドシナおよびタイ国第

三十七師団長。

9. 梅津　関東軍司令官、一九三九年一一月七日ないし一九四四年七月一八日。

パールは、被告人たちがこれらの地位についた期間に虐殺行為を指示・許可したと断定することはできないとし、検察側によって提出された証拠も不十分であると論じる。そして、この罪を問うた訴因第五四については「被告のいずれにたいしても、立証されていない」と判定し、検察の訴追を退けた。〔東京裁判研究会一九八四b：六一一―六一二〕

次にパールは、これらの被告人に残虐行為に関する「不作為の罪」を問うことができるかを論じる。彼は「これらの司令官は軍隊内の軍規を維持し、その指揮下にある将兵に、かような残虐行為を敢行することを抑制する法律的責任があった」と明言する。そして、次のように続ける。

司令官は部下の行為にたいし、たんにかれが部下の上官であるという理由によるだけでは責任はないということは事実である。ただしかれが部下にたいしてもっている非常な支配力によって、かれが当然防止できるような部下の行為にたいしては、責任をもつべきである。かれは自己の指揮下にある部下を統制するために、自己の権限内にある適当な措置をとる義務があった。〔東京裁判研究会一九八四b：六一三〕

しかしパールは、この裁判にかけられた各ケースにおいて、刑事的責任があるような「不作為」の証拠は存在しないとし、最終的には彼らをこの罪で処分することは困難であるという判断を下した。

パールは、南京虐殺をはじめとする日本軍の虐殺行為を厳しく非難し、それを事実と認定した。しかし、これらの事件に関する刑事上の責任をA級戦犯容疑者に問うことは、証拠不十分のため不可能であるという結論を出したのである。

繰り返しになるが、ここでわれわれが理解しておかなければならないのは、第四部で展開された議論との違いである。第四部では、「平和に対する罪」が事後法であり、検察側が立証しようとした「共同謀議」も成立していなかったことから、パールは起訴内容そのものが根本的に成立しないことを説いた。しかし、この第六部では、国際法上確立された罪に対して「証拠不十分」のため犯罪を立証できないという立論がとられている。前者は裁判にかけること自体を否定しているが、後者は裁判の意味を積極的に認めた上で、証拠が不十分であるという議論を展開している。

この違いを理解しなければ、「パール判決書」の構造を決定的に見誤ることになる。

俘虜の虐待

最後にパールの議論は、「捕虜の虐待」をめぐる問題を取り上げる。

ここで大きく取り上げられるのは、フィリピンにおける「バターン死の行進」とタイ・ビルマにおける「泰緬鉄道」の問題である。パールは、この両者に対して極めて厳しい見解を示し、日本軍の行為を断罪した。

パールは「『バターン死の行進』は、実に極悪な残虐である」とし、「このできごとがすこしでも正当化しうるものであるとは考えない」と断言する〔東京裁判研究会一九八四b：六七一－六七二〕。そして、「泰緬鉄道」建設における俘虜の使役は「非人道的な取り扱い」であり、その責任は全面的に東条被告にあるとする。

しかし、「バターン死の行進」は「残虐行為の孤立した一事例」であり〔東京裁判研究会一九八四b：六七二〕、「泰緬鉄道」の建設は「たんなる国家の行為」であるとして〔東京裁判研究会一九八四b：六七九〕、最終的にはA級戦犯容疑者に刑事責任を負わせることはできないと論じた。

勧告

以上のような議論を経て、パールは次のような最終「勧告」を提示する。

以上述べてきた理由にもとづいて、本官は各被告はすべて起訴中の各起訴事実全部につき無罪と決定されなければならず、またこれらの起訴事実の全部から免除されるべきであると強く主張するものである。

〔東京裁判研究会一九八四b：七二七〕

パールは、検察が提示した起訴内容のすべてについて、「無罪」という結論を出した。しかし、これはあくまでも国際法上の刑事責任において「無罪」であるということを主張しただけで、日本の道義的責任までも「無罪」としたわけではない。

パールがこの意見書で何度も繰り返したように、日本の為政者はさまざまな「過ち」を犯し、「悪事」を行った。また、アジア各地では残虐行為を繰り返し、多大なる被害を与えた。その行為は「鬼畜のような性格」をもっており、どれほど非難してもし過ぎることはない。当然、その道義的罪は重い。

しかし、「平和に対する罪」と「人道に対する罪」は事後法であり、そもそも国際法上の犯罪として確立されていないため刑事上の「犯罪」に問うことができない。「通例の戦争犯罪」についても証拠不十分であり、A級戦犯容疑者に刑事的責任を負わせることはできない。

パールは、このような帝国主義国の「非道」を正当に裁くことのできない国際社会の限界を冷静に指摘した。そして、そのような状況に鑑み、「世界連邦」の実現に向けて人類が一致して努力すべきことを訴えた。また、国際法の整備と確立を進め、法を真理に近づけるべく努力することこそが「文明」の使命であると説いた。
彼は「政治」が「法」の上位概念になることを厳しく批判し、その観点から東京裁判の問題点を指摘した。このような裁判を続けていれば、「戦争に勝ちさえすれば国際法を無視して都合よく裁判を行うことができる」という認識を広めることになり、戦争の撲滅どころか国際秩序の崩壊すら招きかねない深刻な状況に陥ると訴えた。彼にとって東京裁判は、「文明の裁き」どころか「文明の退化」を意味する極めて問題のある裁判であった。
彼は次の一文で、全体を締めくくる。

「時が、熱狂と、偏見をやわらげた暁には、また理性が、虚偽からその仮面を剝ぎとった暁には、そのときこそ、正義の女神はその秤を平衡に保ちながら過去の賞罰の多くに、その所を変えることを要求するであろう」。

〔東京裁判研究会一九八四b：七四五〕

パールが渾身の力をこめて書き上げた意見書は、ここに完結した。

インドに帰国したパール。

A Division of the Shimonaka Memories Foundation

パールと家族たち。

A Division of the Shimonaka Memories Foundation

第四章　パール判事へのまなざし

裁判後の反響

「パール判決書」は、判決直後に一般公開されることはなかったが、裁判所言語部によって即座に日本語に翻訳され、弁護団や受刑者に回覧された。

南京虐殺事件の指導者責任を問われ、死刑を宣告された松井石根は、刑執行一四日前の一二月九日、巣鴨プリズンの教誨師だった花山信勝に対して、次のように述べている。

「ああ、あのインド判事の書いたものを見せてくれたが、大へんよくいつておる。われわれのいわんとするところを、すつかりいつておる。さすがにインド人だけあつて、哲学的見地から見ている。あの人たちは多年……経験しているので……」

〔花山一九四九：二三〇〕

「……」の部分は、出版にあたって伏字にされた箇所である。花山の著作『平和の発見—巣鴨の生と死の記録』は裁判終了直後の一九四九年二月に出版されたもので、当時はまだ、東京裁判への批判はタブーであった。

上記の「……」の前半部分は、おそらく「英国の植民地支配を」や「英国の圧制を」と書かれていたであろう。松井が「パール判決書」の内容に、西洋帝国主義批判を読み取り、その点に強く共感していたことは間違いない。

前章で述べた通り、パールは南京虐殺事件を事実と認定し、「日本兵の行動は凶暴」だったと批判した。この記述を、松井が読まなかったとは考えがたい。「われわれのいわんとするところを、すつかりいつておる」と松井が述べていることをもって、彼の「南京虐殺」観を論じることは性急であろうが、少なくとも松井自身はパールの議論に否定的な見解を示していないことは重要である。

また板垣征四郎は、刑執行の前日（一二月二二日）、花山に次のように話している。

> 私どもとして、インドのパル判事から少数意見として書かれたものを、三日かかつて読んだが、非常に感銘しました。この夏、ガンジーの自叙伝を許可を得て翻訳したものを読んだが、率直に書いてあるのです。あの人はロンドンでも精進をしておつたということである。肉欲を禁じ、細君と同棲するようなことをなるべく避けるというようなことに努力をしていた。真理を追うということに忠実であり、徹底しておつた。細君自身も偉かつたと思うのですが、その精神が印度にあるのですね。
>
> 〔花山一九四九：二八四―二八五〕

この文章を読む限り、板垣はパールが垣間見せた宗教的真理の追究の側面に「感銘」を受けたようである。ただ、ここで言及されているガンディーが、日中戦争以降の日本の軍事的拡張政策を厳しく批判していたことに、板垣は一切触れていない。

板垣は、「パール判決書」を読み、次のような歌を残している。

二とせにもわたる裁きの庭のうちこの一ふみそ貴かりける
すぐれたる人の文みて思うかなやみ世を照らすともしびのごと

［花山一九四九：二八五］

板垣が「パール判決書」を高く評価し、処刑の前日になっても深い想いを寄せていることは重要であろう。

さらに、東京裁判の最大の被告人とされた東条英機も、遺書に次のような文章を残している。

他の判事に対しては失礼なことであるが、印度の判事の意見に対しては、皆尊敬の念を感じている。これをもって東亜民族の誇りと感じた。

［牛村二〇〇六：一五三］

さらに東条は、次のような歌も残している。

百年の後の世かとぞ思いしに今このふみを眼のあたりに見る

ここに書かれた「このふみ」は「パール判決書」を指している。他にも木村兵太郎が「闇の夜を照らすひかりのふみ仰ぎこころ安けく逝くぞうれ志き」という歌を詠み、パールを高く評価している。このようにA級戦犯として処刑された七人のうちの四人が、死の直前に「パール判決書」に対する熱い想いを語っていることは、特筆に価する。パールの東京裁判批判が、処刑を目前に控えた彼らの精神の支えとなり、一定の安堵感を与えたことは疑えない。

しかし一方で、「パール判決書」に対して、批判見解を示す者も少なくなかった。

その一人が、当時のインド首相ネルーである。

彼は判決が出された直後の一一月二九日、パールの地元の西ベンガル州知事に次のような電文を送っている。

この判決では、その多くについて我々が同意しない的外れの大雑把な陳述がなされた。インド政府がパールの判決を吹き込んだとする疑惑に鑑みて、我々は関係各政府に対し、非公式に我々が何らの責任をも持たないことを通達せねばならなかった。

［Nehru 1989 : 415　内藤二〇〇二：一二八］

また、一二月六日に同知事に宛てた書簡では、東条をはじめとするA級戦犯の死刑が確定したことを「不幸に感じる」とした上で、パールの意見書はあくまでも一判事の個人的見解であり、インド政府としては同意できない箇所が多々あるということを明示した［Nehru 1989：233－234　内藤二〇〇二：一二八］。

このようなネルーの見解が、非公式の形で表明されたことには理由がある。

当時のインド・メディアの報道は、概ね「パール判決書」に好意的であった。インドの世論は、パールが展開した西洋帝国主義批判に極めて同調的であり、日本と同じ穴の狢の連合国が、自らの植民地支配を等閑に付して、一方的にA級戦犯の死刑判決を下すことを問題視していた。

しかし、当時のインド政府は連合国との協調路線をとっており、全面的に「パール判決書」への支持を表明することなどできなかった。

――「パール判決書」への不支持を表明すれば、世論の反発を招く。しかし、支持を表明すれば連合国との関係悪化は避けられない。

インド政府は、極めて難しい立場に立たされた。

結局、インド政府は公式的に「パール判決書」との無関係を表明せず、判決諮問会議で死刑を求刑された七人を終身刑に減刑するよう勧告した。これは連合国に対しては全員無罪というパールの見解との差異を強調し、国内に対してはパールへの共感を強調する「玉虫色の勧告」であった［日暮二〇〇二：四四七－四四九］。

ここで確認しておくべきことは、インド政府の立場が「パール判決書」と同一のものではなかったという点である。ネルーの非公式見解に見られるように、国家指導者の立場はパールに対してむしろ否定的であり、世論と外交方針が対立するジレンマの中で、双方に問題が起こらない玉虫色の解決が図られたというのが実情であった。

帰国後の活動

さてパールは、判決文の読み上げが終了した翌日、早くもインドへの帰途についた。彼は日本にあっても病床の妻の様子を気にかけ続けていたのである。

パールはインドに帰国後、すぐにカルカッタの自宅に戻り、妻の看病に従事する生活を始めた。しかし、パールの献身的な介護もむなしく、妻は翌年の四月に亡くなった。

妻の支えをなくしたパールであったが、多くの子供に支えられながら、カルカッタでの講演を中心に、徐々に社会的活動を再開させた。

一九四九年三月五日には、インド協会ホール（Indian Association Hall）で開催された全政党会議（All-party meeting）で、基調講演を行った。

彼はここで、インドの言語問題について言及し、地方独自の言語を重視しつつ、全インド人が会話することのできる共通言語の確立を急ぐべきと強く訴えた。そして、そのためには教育設備・システムの普及が急務であり、政治家は早急に全国民が初等教育から高等教育までを受けることができる体制を整えるべきことを説いた［Pal 1949a］。

彼は、独立インドの言語問題に強い関心を持っていたようで、一九五八年三月八日・九日にカルカッタで開催された全インド言語会議（All India Language Conference）でも、同様の趣旨の基調講演を行っている［Sinha 1958］。

一九四九年一二月、インドで世界平和者会議が開催され、それに出席した中山理々（仏教讃仰会）、高良とみ（日本友和会、参議院議員）、関屋正彦（日本友和会）がパールの自宅を訪問した。

このときパールは、中山らに対して次のように語ったという。

日本は何故戦争したか、食糧、衣料或いは油が足らない等々のためであろう。然しそれを得んがために乱暴な戦争に訴えるのはいけない。戦勝国は日本に向つて今度の戦争の原因となつた不足なものを与えて将来武力を用いないように互いに戒めあうべきである。戦争によつて戦争はなくならない。

［中山一九五〇］

ここでも「大東亜」戦争を批判しながら、経済包囲網を作って開戦に追い込んだ連合国の問題を指摘し、今後、同様の過ちを繰り返すべきでないと訴えている。

また、彼は共産主義に言及し、次のようにも語っている。

共産主義はよい。然し共産党は悪い。ただしその共産党を力で抑えるな。蔣介石の二の舞をしてはいけない。共産党は国内の弱点と病弊とから起るのである。外の力を使って抑えるよりは内を顧みて是正するのが大切である。［中山一九五〇］

このようなパールの言葉に接した中山は深く感動し、「（日本は）軍国主義と功利主義に酔つて精神の国印度を軽くあしらい一と口に印度の黒ん坊といつていはしなかつたか」と日本人のインド観に反省を促している［中山一九五〇］。

田中正明『日本無罪論』と吉松正勝『戦史を破る』

さて、日本国民が「パール判決書」の詳細を知ることとなったのは、東京裁判終了から約三年半もの歳月が過ぎてからであった。

一九五二年四月二八日。

日本が主権を回復しアメリカの占領政策の規制から解き放たれたこの日に、一冊の本が書店の店頭に並んだ。

田中正明編『日本無罪論－真理の裁き』(太平洋出版社)である。

この本には「パール判決書」の日本語訳のダイジェストが掲載され、冒頭に田中の「パール判事の判決文を読んで」と題された解説文が付された。

これを編集した田中正明は、一九一一年生まれの著述家・活動家で、戦前期に下中彌三郎、中谷武世といった革新的アジア主義者に大きな影響を受けた人物であった。彼は、一九三三年に松井石根を会長に据えて発足した大亜細亜協会(運営の中心は理事長の下中彌三郎と事務局長の中谷武世)に加わり、機関紙『大亜細亜主義』の編集に携わった。また、松井が一九三七年に中支派遣軍司令官に就任するまでは、その秘書を兼任し、松井の右腕として活躍した。

田中は一九四九年一月一〇日、A級戦犯として処刑された松井の密葬の席で、清瀬一郎〔東京裁判弁護団副団長〕と伊藤清〔松井の弁護人〕から「パール判決書」の内容を聞いた。彼は清瀬・伊藤から極秘のうちにこの意見書を借り入れ、学生アルバイトを使って全文を筆写させた。

この本の出版を斡旋したのは、中谷武世であった。彼は岸信介から「パール判決書」を出版してはどうか相談されたため、この話を田中に持ちかけ、出版の手配を整えた〔中谷一九六七：七七〕。そして、GHQが出版を阻止する権利を失った一九五二年四月二八日、田中は満を持して『日本無罪論―真理の裁き』を出版した〔田中二〇〇一：一九六―一四三〕。

田中が本書に付した解説文は、同人が一九六三年に出版した『パール博士の日本無罪論』〔二〇〇一年に小学館文庫から復刊〕よりもはるかに正確で、都合のよい解釈・省略が少ない。

田中はこの解説文で、「平和に対する罪」と「人道に対する罪」の事後法的側面を指摘した上で、次のように述べている。

この裁判とは別に、われわれは冷静に反省してみて、たしかに日本には侵略戦争の意図も実践もあつたと思う。しかしそれが日本の過去五十年間の全部ではない。〔中略〕ともあれパール判事は、半世紀おくれて日本が頭をもちあげた時には、司法先進国の旗にかこまれていたと述べ、日本は先進国の模倣をするのに半世紀後れた。そのために、アジアからも歓迎されず、また先進国からも叩かれたのである。という意味のことを論じている。〔田中一九五二：一一一―一一三〕

田中はのちに、「パール判決書」を利用しつつ独自の「大東亜戦争肯定論」を展開するが、このときは「日本には侵略戦争の意図も実践もあつた」とした上で、日本は西洋先進国の「模倣」をし、アジアと西洋諸国から反発を受けたというパールの議論を紹介している。

また、「パール判事は、結論として、盧溝橋事変以後の敵対行為を含めることが妥当であろうという見解をのべている」とし、パールが日中戦争以降を東京裁判の管轄とした点を正確に紹介している。しかし第三章でも言及したが、田中は一九六三年出版の『パール博士の日本無罪論』において、次のような改竄を行っている。

パール博士はこの点を指摘して、「本裁判所における管轄権は、一九四一年一二月七日以降、日本降伏までの間に起きた、いわゆる太平洋戦争中の戦争犯罪に対してのみ限定すべきである」と主張するのである。

〔田中二〇〇一：一六五〕

一九五二年の段階で正確な記述をしていたものが、一一年後の出版時にわざわざ改竄された背景に、どのような田中の意図があったのかはわからない。しかし、少なくとも一九五二年の時点で、田中は「パール判決書」の議論をほぼ正確に読解し、それを率直に紹介していたことは事実である。

また、田中は南京虐殺に関するパールの記述も、概ね正確に紹介している。

「よしんばこれらの事件が、検察側の主張どおりでないにしても、日本軍隊に虐殺行為のあったことは、まぎれもない事実である。」しかし「問題は、いまわれわれの目の前に居ならぶ被告に、かかる行為に関するどのていどの刑事的責任を負わせるか、ということである」と。パール判事によれば、それらの悪事を働いた直接の下手人は、この直属上官とともに連合国の裁判でさばかれ、おびただしい兵隊が断罪に服しているではないか、と。

〔田中一九五二：二一八〕

田中はのちに「南京虐殺はなかった」という説を繰り返し主張するが、このときはパールの主張を意図的に割愛せず、「日本軍隊に虐殺行為のあったことは、まぎれもない事実」という部分を冷静に引用している。

他の箇所でも、いくつかの問題はあるものの、その紹介は概ね正鵠を射ている。一九五二年段階で「パール判決書」の骨子は、「日本無罪論」というミスリーディングなタイトルを除いて、ほぼ正確に伝えられたと見てよいだろう。

さて、この本は大きな反響を呼び、各種の新聞・雑誌で紹介された。青森県教育委員会が発行する『教育広報』には、小田原金一が書評を掲載し、次のように述べている。

博士は決して日本の指導者達に罪がないといっているのではない。罪は確実である。この罪を確定した法（法は一つしかない）のもとでは当然戦勝国の指導者達たとえば原子爆弾の投下を命令し、それを許可し、それを投下した人々も同時に裁かれるべきであるといっているのである。

〔小田原一九五三：三四〕

ここで小田原は、『日本無罪論』というタイトルに引きつけて「大東亜戦争肯定論」を展開することを諌め、日本の指導者には罪がないと解釈してはならないと説いている。

また、一九五二年六月二五日の『全国出版新聞』に掲載された今井清一の書評では、次のように論じられている。

そこには欧米諸国のアジア侵略乃至抑圧に対する反感とこれに対抗する若々しい国家主義の息吹とが感ぜられる。しかしそれは明治以後の日本が全体として辿つた侵略への方向を見落すものであろう。戦争政策の弁護は日本人を弁護することではない。

〔今井一九五二〕

このように『日本無罪論』の出版は、戦争の記憶が生々しい一九五二年当時、その多くが「大東亜戦争肯定論」としては読まれておらず、編者の田中自身も、そのような意図を明確には有していなかった。

さて、「パール判決書」のダイジェスト版は、同年の六月にもう一冊出版された。吉松正勝編訳『戦史を破る－日本は無罪なり－ラーダ・ピート（ママ）・パール博士の獅子吼』（日本書籍印刷株式会社）がそれである。吉松は、笹川良一が戦前期に設立した大衆国粋党のメンバーで、本書も笹川の支援の下で出版された。

本書にはA級戦犯として東京裁判で懲役七年の実刑を受けた重光葵が、序文を寄せている。「一九五二年四月五日」の日付が付されたこの文章で、重光は次のように述べている。

日本が新に出発するに当つて東洋に正義の国があり正義の志士があつて、それが我新日本の友人であることを知るのは正義感を出発点としなければならぬ民主主義の大道を歩く新日本の我々にとつて大なる道しるべである。

パール判士の東京裁判判決は、此の意味に於いて内外人の必読の書である。今この判決が過去の日本の行動を見さかいなく全部是認して居ると速断してはならない。パール判士の判決を読んで判士が巍然として勇敢に闘い取つた其の正義感を感得せねばならぬ。

［吉松一九五二：二］

ここで、他ならぬ重光が「今この判決が過去の日本の行動を見さかいなく全部是認して居ると速断してはならない」と論じていることは重要である。自らA級戦犯として実刑判決を受けた身でありながら、「パール判決書」の主張を正確に読み解き、「日本は無罪なり」という副題に引きつけられて「大東亜戦争肯定論」の一環として解釈されることを厳しく諫めている点は、今日もっと強調されてよいだろう。

下中彌三郎

さて、一九五二年四月当時、田中の『日本無罪論』の出版を人一倍、歓迎した人物がいた。下中彌三郎である。

彼は門下生とも言うべき田中の出版を祝福し、五月一九日、参議院会館で出版記念会を開催した。

下中は一八七八年、兵庫県の丹波篠山に生まれた。彼は二歳のときに父を亡くし、貧しい生活を余儀なくされた。小学校の前期三年を終えると、早くも家業の窯業に就き、職人として働いた。二〇歳のとき、彼は発起して神戸に出て行き、小学校の代用教員となった。彼は、小学校の図書室でむさぼるように本を読み、知識を蓄えていった。天性の才能を備えていた彼は、小学校でも一気に出世し、わずか一年で氷上群三輪村・美和小学校の校長代理になった。わずか二一歳のことである。しかし、次に赴任した学校の校長後任問題に巻き込まれて教員を辞職。すべてを捨てて東京に出ることになる。

まずはじめに、下中は知人の紹介で講義録の校正の仕事に就いた。また、この頃創刊された『児童新聞』の編集にも携わり、自ら筆をとった。さらに『婦女新聞』の編集者に就任。出版界で頭角をあらわした。

三三歳の時には、再び教育界に戻り、埼玉県師範学校に就職。この時、試験に出した常識的な外来語・流行語・新聞用語を学生たちがほとんど答えられず、「新聞語の解説と文字便覧とを一本にすれば喜ばれはせぬかと考え」、一九一四年四月、『や、此は便利だ』を出版した。

この本は各方面から注目を浴び、ベストセラーとなった。しかし、この直後、版元の成蹊社が別の出版で失敗し、倒産してしまった。下中は、すぐに債権者から紙型を買い取り、自らこの本を出すための出版社を立ち上げた。

これが、現在まで続く「平凡社」のはじまりである。

当初、社名の候補には「あかつき社、あけぼの社、希望社、純真社、天真社、愛人社、便利社」などがあがったと言う。しかし、どれもしっくり来ず、頭を抱えていた。すると、妻のみどりから「平凡社はどう?」と言われ、「なるほど、それがよい」と決めた。

下中は、『や、此は便利だ』に続き『詩歌民謡俚諺解』や『算手必携・此は調法』を出版。民衆のささやかな知的欲求を、ポケット事典を出版することで支えた。

下中は、のちに「大百科事典」を出版し、大成功を収めたが、このとき次のような言葉を残している。

私は殆ど学校教育を受け得ないで育つたために、書物にばかりたよつて学問しました。私が教職を抛つて出版事業を始めた動機も、出版事業着手の最初から立派な百科事典を出したいと念願するやうになつた動機も、ともに私の経歴が然らしめたのです。

〔平凡社一九七四：一四〇〕

——日本の一般家庭に百科事典を届けること。

これこそが、十分な教育を受けることが出来ず、書物による独学で身を立ててきた下中彌三郎の念願だった。

下中は若い頃から労働運動に深く関わり、一九二〇年の第一回メーデーで、日本初の教員組合「啓明会」の代表として演説を行った。また、メーデー歌の作詞も手掛け、当日、会場で合唱された。百科事典を出版することは、運動家でもあった彼にとって、民衆の「生存権」「学習権」を確保するための闘争の一環であった。

彼のこのような思いは、次第に植民地支配に苦しむアジアの民衆へと向けられる。下中は満川亀太郎が世話人をつとめた老壮会に参加し、大川周明、鹿子木員信をはじめとするアジア主義者と知遇を得た。また、彼は一九一九年に教員組合的な要素の強い教育団体・啓明会を設立。さらに、一九二五年には石川三四郎らと共に農民自治会を結成し、農本主義に対する関心を深めた。

一九三〇年代に入ると国家社会主義の確立を目指す新日本国民同盟の中心メンバーを務め、さらに一九三三年には松井石根を会頭に担ぐ大亜細亜協会を結成する。彼の社会的活動は、労働組合から農本主義、国家社会主義からアジア主義まで幅広く展開された。彼は常に「弱者」の側に立った革新的民族運動に従事し、国家を超えた民衆の連帯を訴え続けた。

世界連邦運動

このような下中の構想は、戦後、世界連邦運動へと展開していく。

日本における世界連邦運動は、戦後間もなく設立された「国際平和協会」と「恒久平和研究所」によって始動した。前者はクリスチャンで社会活動家の賀川豊彦が創立者で、後者は三月事件・一〇月事件にも深く関わった「最後の殿様」・徳川義親が設立した。それぞれ『世界国家』と『一つの世界』という雑誌を出版し、世界連邦運動の啓蒙とネットワークの構築を進めた。

賀川は一九四八年八月、本格的な世界連邦主義者の団体「世界連邦建設同盟」の設立に参画し、副総裁の座に就く。この団体は全国に地方支部を設立し、各種団体との連帯を進めたことから、一気に世界連邦主義者の中核的組織となり、その運動を本格化させた。

しかし、「世界連邦建設同盟」は一九五一年に経理問題をめぐる内紛によって、求心力を失う。深刻な資金難が表面化し、メンバー間の対立が相次いだ。

このような危機的状況のときに登場したのが、下中であった。

彼は、戦前戦中の言論活動によって公職追放にあい、戦後六年間、政治的社会的活動を禁じられた。この処分が解除された一九五一年、彼は戦前から持論であった「世界連邦論」を唱え、賀川に接近した。

下中は、賀川に対して本格的な資金提供を約束し、広島で「世界連邦アジア大会」を開催することを提案。賀川はこれに強く賛同し、下中を運動の中心メンバーとして迎え入れた。

田中正明による『日本無罪論』が出版されたのは、ちょうど下中の周辺で世界連邦運動の機運が高まっているときであった。一九五二年五月一九日に下中が開催した出版記念パーティーでは、パール判決書に書かれた世界連邦構想が話題となり、パールを日本に招待する案が浮上した。

パールの日本招致

この出版パーティーの一三日前（五月六日）、緒方竹虎を中心とする政治家数名が、東南アジア諸国とインドを訪問する旅に出発した。田中は五月四日、緒方と同行する長谷川峻のもとを訪ね、「インドに行ったら、パール博士を是非訪問して、この本を届けてほしい」と言って『日本無罪論』を手渡したという［長谷川一九六六：二一六］。

五月二四日の夜、カルカッタに到着した緒方と長谷川は、翌朝、さっそく西山インド総領事の案内でパールの自宅を訪問した。長谷川が『日本無罪論』を手渡すと、パールは隣の部屋から英文判決書の製本されたものを持ってきて、緒方らに見せたという。

長谷川はこのときの会話を、次のように記録している。

（パールは－引用者）カルカッタにいるとき、三井物産のものと二度三度会ったことはあるが、個人的に日本は余り御存知なかったらしい。しかし、第二次世界大戦の結果、日本の敗戦は、インドの独立も確実にもたらした時とて、法学者として、東洋の代表たる覚悟で東京にのりこんだというのである。

［長谷川一九六六：二一七］

この会見談を読む限り、パールが東京裁判以前から日本に対して好意的だったとは考えにくい。パールは晩年、日本に対する愛着を繰り返し語っているが、このような感情は来日して以降に湧いてきたものと見てよいだろう。
またパールはこのとき、緒方と長谷川に対して次のように語っている。

あなた方は首都ニューデリーでプラサット大統領やネール首相にも会うことだろう。豪華な宮殿で招待をうけることもあろう。それでわが国を知ったと思わずに、インドの多くの女は、一生に一度だけでも腹一杯、食事をしたことがあるかどうかを観察してもらいたい。また町の裏路をのぞいて、そこにあそぶ子供たちが玩具をもっているかどうか見てもらいたい。

［長谷川一九六六：二一八］

このようなパールのまなざしは、この五ヵ月後に実現した再来日の際に、日本の下層社会への関心を示し続けたこととつながっているだろう。またこの発言の背景には、彼自身が貧しい農村の生まれであるという出自の問題があることは想像に難くない。

さて、このような日本の有力者との交流によって、パールを日本に招待する企画が本格化する。当初、その中心は面識のある中山理々がつとめ、九月二五日に日本で開催予定の第二回世界仏教徒会議にオブザーバーとして招聘することが決まった。この日本からの要請をパールは受諾し、九月一六日にカルカッタを出発する飛行機を予約した。彼は一一月までの仕事をすべて断り、来日に備えた［毎日新聞東京版一九五二・九・二五］。

しかし、事態は急変する。

パール来日直前の八月二八日、当時の吉田首相が反吉田派の選挙準備が整う前の総選挙を画策し、突然の抜き打ち解散が発表された。政界は混乱し、一〇月一日の総選挙に向けて、慌ただしい日々が続いた。

このような中、アメリカ占領政策に厳しい批判をもつパールの来日に、吉田内閣は神経を尖らせ、政府の有力者が「パル博士の来日は政治的に困る」という発言を行った［毎日新聞東京版一九五二・一〇・九］。

一方、中山はパールの飛行機料金のドルの枠をとることに手間取り、出発一週間前になって、二一日の便への変更をパール側に打診した。さらに中山は、この日程でも都合をつけることができず、再度二六日の便への変更を打診。すると主催者の思惑をいぶかしんだパール側から突如、来日中止の申し入れが届いた。

このときパールの秘書は、毎日新聞社の取材に対し、「全く招待者の意図がどこにあるのか了解に苦しむ」とした上で、次のように答えている。

博士の訪日は総選挙を控えた日本にとって好ましくないのではないか。博士が日本で発言するときは個人的立場でするのであって日本は独自の立場を採ればよいのだ。しかし日本の政府に迷惑をかけることになれば日本に好意を寄せる博士の本意でないから今回の訪問は美しい秋の景色を見物するのを楽しみにしていたが中止にした。

［毎日新聞東京版一九五二・九・二五］

このような主催者の不手際に業を煮やした下中は、自らが企画した世界連邦アジア会議にパールを招待することを決め、一〇月一日の総選挙終了後、即座にパールに来日の打診をした。そして、パールから快諾の返事を受け取ると、旧平凡社の一室をパール歓迎準備事務所として専属スタッフを用意し、万全の準備を整えさせた。

続いて下中は、瞬く間に「パール博士歓迎準備委員会」を設立し、尾崎行雄、賀川豊彦、高岡大輔、田中正明、相馬安雄（新宿中村屋主人）、鶴見裕輔、中谷武世、矢部貞治、前田多門、鮎川義介、清瀬一郎、岸信介、A・M・ナイルらをメンバーに加えた。

パールの来日は一〇月一六日と決まり、受け入れ準備は着々と進んだ。パールはインド出発の前日、次のようなコメントを発表した。

世界は依然としてバラバラでまとまりがなく、われわれの希望の中心である世界の強国は権力の中心と化してしまった。私は非人道的な原子爆弾の爆発という経験をもつ日本が世界における真実の問題をあやまりなくつかみ新世界を創造する力の胎動を十分予見して将来日本が歩むべき道を選択することを期待しかつ信ずるものである。

［毎日新聞東京版一九五二・一〇・一六］

そして、パールは予定通り一〇月一五日にカルカッタを経ち、日本に向けて旅立った。

相馬家を訪れたパール。

A Division of the Shimonaka Memories Foundation

右：東本願寺にて。

上：パールと下中彌三郎。

A Division of the Shimonaka Memories Foundation

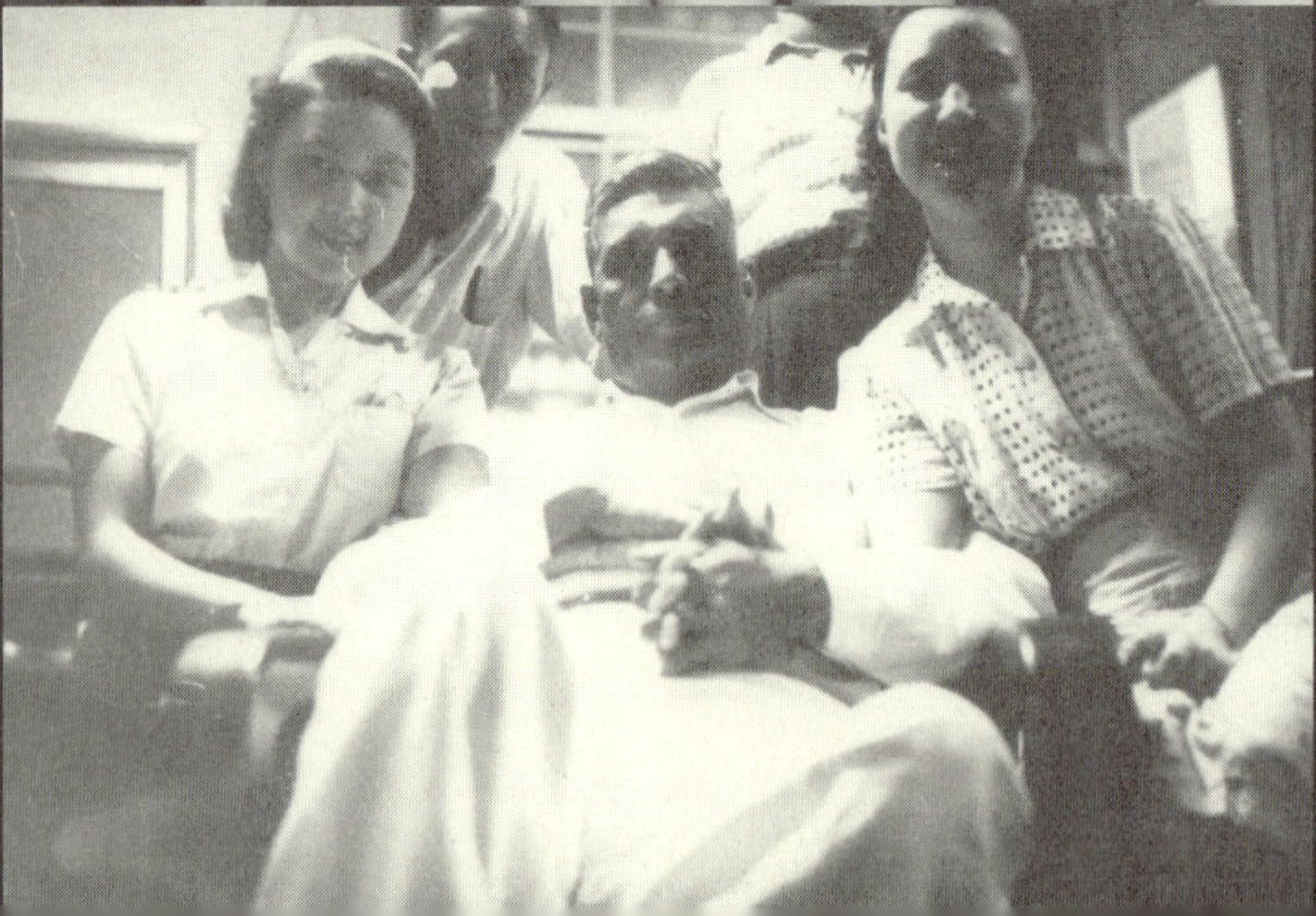

右：パールと日本人。
上：パールと重光葵。
A Division of the Shimonaka Memories Foundation

築地本願寺で開かれたパール夫人追悼法要にて。

第五章　再来日

再び東京へ

一九五二年一〇月一六日の早朝、パールは羽田空港に到着した。約四年ぶりの来日だった。空港では外務省アジア局の広田課長、中山理々、相馬愛蔵、田中正明、世界連邦建設同盟メンバーらが出迎えた。

到着早々、記者団にコメントを求められたパールは、次のように語った。

私の無罪論が大分反響を呼んだらしいが、私は裁判官として確信を持って判決をしたのだからもちろんいまでも変るはずはない、私の来日中止問題や最近の日本の動きなどに対してはあとでゆっくり語りたい。

［読売新聞東京版一九五二・一〇・一六夕刊］

彼は午後に記者会見を開くことを約束し、長旅の疲れを癒すべく、東京裁判時に滞在していた帝国ホテルに向かった。そして午後三時、賀川豊彦、下中彌三郎の歓迎を受けた後、ホテルロビーで記者会見を行った。

ここでパールは、日本の人口問題に触れ、連合国側がこの問題の「解決の糸口を見つけてやらなければ」再び日本を窮地に追い込むことになり、いつ平和な状態が崩壊するとも限らないという見解を述べた。また、日本が主権を回復した以上、「国際法上認められない戦犯は当然日本政府の独自の見解で処置出来ると信じる」と述べ、戦犯の早期釈放に強い理解を示した［毎日新聞東京版一九五二・一〇・一七朝刊］。

この後、歓迎会レセプションに出席したパールは、下中と率直な意見交換を行い、意気投合する。パールと下中は人間的にも馬が合い、この後、兄弟の契りを結ぶことになる。

ちなみに、パールが来日したこの日の午前九時、昭和天皇・皇后が靖国神社に戦後初の参拝を果した。靖国神社には早朝から戦没者遺族が駆けつけ、天皇陛下の姿を間近にすると、あちこちからすすり泣く声が聞こえたという。

翌日一七日は、相馬愛蔵、一又正雄らとともに、一路、日光へ出かけた。この日は日光東照宮の秋の例大祭で「武者百人行列」が出ることになっており、一行はその見物に向かったが、パールは車内で「それよりもわたくしには気にかかることがある」と言い、途中で道を引き返させて宇都宮市の検察庁へ向かった。彼は、ここの検事に対して、戦後の日本社会で犯罪が急増していることに言及し、犯罪の動機や社会情勢、事件処理のあり方などについて質問を繰り返した［田中一九五三：二〇四］。

日光で一泊した一行は、翌日、中禅寺湖の風景を堪能した後、鹿沼の農村を視察した。彼はここで、次のようなことを述べたという。

この村一番の貧農といわれる農家でも、インドの貧農とくらべれば、はるかにましである。二百年のイギリスの搾取と圧制は、インドの農民を人間以下の世界に追い落としてしまつた。帝国主義のながい統治ということが、いかにおそろしい結果をもたらすものか。日本にこの悲惨を味わせたくない。彼らの〝分かち、かつ支配する〟という政策が、いまやアジア人同士、日本人同士のあいだに行われようとしている。

〔田中一九五三：二〇六〕

このような日本の統治に対するパールの危機感は、後で言及する再軍備問題や朝鮮戦争問題と深く関わっている。彼はアメリカの属国化する日本に「真の独立」を促し、アジアの側に立った独自の平和主義路線を貫くよう、繰り返し進言した。

翌二一日には、秋の例大祭中の靖国神社を参拝。参道に座る傷痍軍人の姿を目にし、「戦争のナマキズが、まだ日本の街頭にさらされている。…それで再軍備か？…」とつぶやいた〔田中一九五三：二〇九〕。

下中の平凡社や相馬の新宿中村屋を見学した後、パールは用賀にある東条英機宅を訪問した。東条宅では未亡人や娘、孫が揃い、パールの来訪を迎えた。彼は東条の娘に「語学を勉強してインドにいらっしゃい」と声をかけ、三人の孫を抱えるようにして記念撮影を行った〔毎日新聞東京版一九五二：一〇・

二二〕。

また、午後三時には帝国ホテルで板垣征四郎の未亡人と面会。パールが「板垣さんは私の座席の真正面でした」と言うと、未亡人は「はい、いつもパール先生がまつさきに正面にあらわれて、被告席に向つて合掌されるので、とても印象が深かつたと、板垣が死ぬまで申していました」と語った。そして、前章で言及した板垣の和歌が書かれた色紙を取り出し、田中の通訳を通じてその意味を伝えると、パールは「そうでしたか」と目を潤ませながら、しばし立ち尽くしたという〔田中一九五三：二一三－二一四、毎日新聞東京版一九五二・一〇・二二〕。

続いて、重光葵の訪問を受けたパールは、久しぶりの再会を喜んだ後、戦犯釈放問題について意見交換をした。面会を終えた重光は、記者の取材につぎのようなコメントを残している。

あの困難な時に少数意見を明確に主張した博士の正義感には深い尊敬の念を持っていた。パル博士は日本の権限において速かに巣鴨の人々を釈放すべきだといっておられたがこんなに力強いことはなかった。

〔毎日新聞東京版一九五二・一〇・二二〕

さらにパールは、広尾にある東郷茂徳宅を訪問し、エーディ未亡人と面会した。

彼はこの日、かつて正面の被告人席に座っていた戦争指導者たちの遺族とはじめて顔を合わし、その苦労を慰めた。

興亜観音

一〇月二二日。

パールは、下中彌三郎やA・M・ナイルらと共に、箱根に向かった。

A・M・ナイルは、一九〇五年、南インドのケーララに生まれた人物で、一九二八年に京都帝国大学に留学し、土木工学を学んだ。彼は京大在学中に関西でのインド独立運動に参加し、リットン調査団反対運動などにも加わった。このような活動が政府の有力者に評価され、彼は満州における反英工作の要員に抜擢された。

満州に渡ったナイルは、中国人や朝鮮人、モンゴル人の間の反英感情を焚きつける活動に従事。日本に亡命したR・B・ボースや関東軍の軍人とも連繋して、インド独立運動を展開した。また、「大東亜」戦争が始まるとR・B・ボースの右腕となってインド国民軍の運営に携わり、東南アジアに渡って活躍した。戦後は日本に留まり、銀座にインドカレー専門店「ナイルレストラン」を開いた。

彼らは芦ノ湖周辺を散策し、世界情勢や日本の未来、インドの現状などについて語り合った。このときのパール・下中両人の思い出が、のちに芦ノ湖畔にパール・下中記念館を建設する動きへとつながる。

一〇月二三日。

中谷武世を加えた一行は、熱海の興亜観音を訪れた。

興亜観音は、一九四〇年に松井石根が自宅の裏山に建立したもので、中国の「戦場の土」によって作られた露仏である。松井は、巣鴨プリズンに収容されるまでの六年間、毎日二回の参拝を続け、日中双方の戦没者に対する慰霊を欠かさなかったという。

一九四八年末には、A級戦犯として処刑された七名の遺骨がここに密かに運ばれ、埋葬された。このことはGHQの占領が終わっても、しばらくの間は一部の人だけの極秘事項とされ、長い間、国民に知らされることはなかった。

さて、パールの希望でこの観音を訪ねた一行は、急な山道を登って参拝を行った。[#1]この日は松井が処刑された「二三日」で、その奇縁に一同は驚いたという。このとき、パールが「遺骨」の話を聞かされたかどうかは定かでないが、かつて松井と共に大亜細亜協会を支えた下中・中谷・田中は、このパールの訪問が松井に対する最大の供養と捉えた。

一行は、その足で東京に戻り、翌二四日には歌舞伎座で「若き日の信長」を観劇した。

#1　このとき、老体の下中だけは「とても」と言って、登山を断念した。

大川周明との会見

この日、帝国ホテルで休んでいたパールは、思わぬ人物の訪問を受ける。

大川周明だ。

前述の通り、大川はパール来日以前に精神異常をおこし、東京裁判の法廷から姿を消していた。そのため、パールは被告人席の大川を見たことがなく、この日がまさに初対面であった。

このとき、二人の話は「日本の現状」から「これからの日本」にまで及んだという。パールがタゴールの文章を引用しつつ「日本人は簡素な精神生活にかえるべき」と訴えると、大川は「日本人はいまや骨のある日本人にかえりつつありますよ」と答えた。最後にパールが「これからの日本が学ばねばならないのは欧米よりもむしろ二百年の圧制に堪えぬいてきたインドです、お互いにしっかり手を握ろう」と言葉を結び、二人は再会を約して別れた［アジア新聞一九五二・一一・一］。

田中正明によると、このときパールは、大川に対して次のようにも言ったという。

日本は独立したといっているが、これは独立でもなんでもない。しいて独立という言葉をつかいたければ、半独立といったらいい。アメリカによって与えられた歪められたものの見方や、考え方が少しもとれていないではないか。

〔田中一九五三：二〇〇〕

一方、東京裁判の冒頭で「インド人よ、来たれ」と叫んだとされる大川が、パールに関して本格的に論じた文章は、管見の限りでは存在しない。ただ、彼は一九五五年五月八日に柳沢一二に宛てた書簡で、次のように「パール判決書」に言及している。

明治史を抹殺せんとする連合国の意図はパール博士の日本無罪論によつて打砕かれ候。

〔大川周明関係文書刊行会一九九八：六〇二〕

このときの大川とパールの面会は、ほとんど今日まで注目されていないが、二〇世紀アジアの精神史にとって、非常に重要な一場面であったということができよう。

再軍備批判

一〇月二五日。

パールは東京大学で講演を行った。タイトルは「将来のナゾについて」。

彼はここで、当時の日本が直面していた再軍備の問題について、厳しい批判を展開した。

まずパールは、インドが近代に経験した植民地支配の問題について言及する。彼は、深遠なる宗教・哲学・芸術を有するインドがイギリスの「狡智と武力と陰謀」によって支配された過程を振り返り、このような「悲劇の歴史が、ふたたび日本においてくり返されるのではないかということを危惧する」という。そして、彼は次のような警告を発する。

いま、日本の希望のごとく見えるあの国の一つの灯は、諸君らを指導してゆくごとく見えるが、しかしながら将来において、その火が、諸君の家庭を、さらに諸君ら自身の身を焼く火となりはせぬかということを、私はおそれ、かつ注意するものである。

［パール一九五三：一二三］

ここで「あの国」とされているのは、もちろんアメリカのことである。パールは、日本が政治的にも文化的にもアメリカに傾斜・依存していることに深い憂慮の念を表明し、日本はインドの失敗をじっくり研究すべきと訴える。彼はアメリカの「虚偽や宣伝に迷わされることなく」、物事を広い視野から多角的に見るべきことを説き、「他国の、あるいは他人のいいなり放題に断じて従ってはならない」と訴える［パール一九五三：二一四］。

彼はこのような指摘を行った上で、再軍備に対する批判を展開する。

パールは言う。

今の西側陣営と東側陣営の全面対立が構造化する中で、アメリカのイニシアティブのもと再軍備の道を選ぶことは、日本が西側陣営に一方的に加担するという姿勢を決定付けてしまうことになる。これは、同時に東側陣営を全面的に敵とすることを意味し、両陣営が戦う場合には、否応なく戦禍の渦中に入ることになる。第二次世界大戦に破れ、焦土と化した日本が、再び世界規模の戦争に加担することに問題はないのか。これは「他国の眼や他人の頭ではなくて、自分の眼、自分の頭で、冷静かつ正確に判断しなくてはならない重大問題である」。原子力爆弾が拡散する時代において、二大陣営が戦端を開くことになれば、それは「現代文明の絶望」である。この戦争には勝ち負けはなく、単に「絶望」だけが残り「現代文明は終焉」をむかえる［パール一九五三：二一六－二一七］。

パールは続ける。

このような時代、最も必要とされるものは、マハートマー・ガンディーの哲学である。ガンディーが説いた「非暴力の原理」こそが「アジアの魂」であり、これから「世界の原理」となるべきものである。このガンディーの教えに従えば、日本はアメリカを中心とする西側陣営に、一方的に加担すべきではない。あくまでも両陣営に対して「非協力」の姿勢を貫き、「非武装中立」という立場を崩してはならない。

日本は、近い過去において「軍事力を先頭にたてて、ことをなし、またことをなさんとしてきた」。これは西洋諸国からもアジア諸国からも「侵略」と見なされ、厳しい批判にさらされ続けた。日本が戦争に至った経緯は、必ずしも日本だけが攻められるべき問題ではない。日本が行った産業開発や教育の普及などを、すべて「侵略」と見なした西洋諸国にも大きな問題がある。

しかし、日本の行為が「侵略」と見なされたのは「手段としての西洋の暴力の悪に対して、暴力をもつて起こつたからである」。日本が西洋と同じ誤った道を歩んだために、日本の行為は「侵略」と見なされたのである。

ガンディーは、このような「悪を制するには悪をもつてする」という考えを厳しく戒めている。暴力をもって暴力を制することは、何の解決にもならない。特に原子力爆弾の時代に突入した現代において、国家の暴力は破壊と絶望だけしか生み出さない。

再軍備に反対する日本の人たちは、あるいは将来軍備を持つ国に非常に苦しい目にあわされるかも知れないという不安におののくであろう。しかしあえてその苦しみの渦中に身を投ずるとしても、戦争という"悪"に加担しないという信念を堅持されることのほうが、終局において建設的であり勝利であると私は確信している。

（中略）いかに困難であろうと、いかに時間的に遅々たるものであろうと、非暴力の真理を把握し、この真理の下に日本国民のもつ豊かな国民性、勇敢なる性情、ものごとに対する先見の明を現前さしていただきたい。これが私の諸君にたいするお願いである。

［パール一九五三：二九－三〇］

パールは、講演の最後を次のような言葉で締めくくった。

西洋諸国の巧妙なる統治政策にあざむかれてはならない。私はくり返していう。諸君の希望のごとくにみえる、けんらんたる欧米の火は、ときに、諸君の家を焼き亡す火であることを。

［パール一九五三：三二］

この講演は、会場を埋め尽くした学生に熱狂的に支持された。割れんばかりの拍手はなかなか鳴り止まず、パールが壇を降りても学生たちはしばらく席を立たなかった。さらに、校庭では学生がパールを取り囲み、会場を後にするのが難しいほどだったという［田中一九五三：二二八］。

さて、このようなパールによる「日本のアメリカ依存批判」は、この年の『文藝春秋』十二月号に掲載された「サンフランシスコ条約の意味するもの」という論文にも顕著に現れている。

サンフランシスコ平和条約を「公正にして寛大な条約」と認識し、世界平和への記念すべき第一歩を踏み出したと熱狂する日本の指導者を、パールは厳しく批判する。

パールの見るところ、この条約はアメリカの「偽善」によって構築されており、世界平和を蹂躙する危険なものである。アメリカは「世界経済を独占し、いかなる新興国家の発展をも、締め出してしまうような性格」を有している。国内に深刻な人口問題を抱え込んだ戦前の日本は、アメリカとイギリスによる世界経済秩序から排除され、それを暴力的に破壊しようとする道を選んだ。第二次世界大戦後の世界は、このような支配体制に対する深い反省の上に立たなければならないにもかかわらず、同様の過ちをくり返そうとしている。サンフランシスコ平和条約は、そのようなアメリカの覇権主義と「偽善」によって構成されている。日本はこのようなアメリカの意図を冷静に見抜き、インドがこの条約に反対の態度をとった理由を熟考すべきである［パール一九五三：八一－九二］。

パールにとって、当時のアメリカは、「世界連邦」の方向へと歩みだそうとする世界を後退させる権力的存在でしかなかった。原爆の出現によって、大国間の戦争が世界を破滅に導くことが明らかになった状況の中、自らの支配欲によって世界の対立を深刻化させようとするアメリカに対し、パールは厳しい態度で批判を続けた。また、そのようなアメリカに対して、無批判に追随する日本人にも、パールの厳しい批判の矛先は向けられた。

このような憤りは、この数日後、広島の原爆記念碑の前に立ったときに爆発する。

ボースの墓参り

さて、東大での講演の翌日、パールは東京西部の多磨霊園に向かった。

彼の目的は、ラース・ビハーリー・ボースの墓に参ることだった。

ボースはパールと同じベンガル地方出身の革命家で、一九一五年に来日して以来、日本を拠点にインド独立運動を展開した人物である。ボースは「大東亜」戦争中、インド国民軍のリーダーとして活躍したが、日本の敗戦もインドの独立も目にすることなく一九四五年一月、東京の自宅で亡くなった。

パールは、この同郷の革命家の墓前に立つことを望んだ。彼は大輪の菊の花束をたむけ、深い祈りを捧げた［田中一九五三：二二九］。

パールはその足で、相馬黒光の自宅を訪問した。

相馬黒光は、夫の愛蔵と共に新宿中村屋を創業したことで知られる。二人は国外退去命令を受けたボースを中村屋のアトリエに匿い、彼の政治運動を支え続けた。ボースは相馬家の長女・俊子と結婚し、一九二三年には日本に帰化する。そして、一九二七年に日本で始めての本格的インドカリーを中村屋で販売した。

パールの訪問を受けた相馬黒光は、彼の手をとり「ようこそいらっしゃいました、お待ちしておりました」と歓迎した。室内に招かれたパールは、ボースの写真と位牌に向かって合掌し、畳に額をつけて深々と礼拝を行った。

「どんなにボースは地下でよろこんでいるでしょう」と言う黒光に対し、パールは手をしっかりと握って言った。


「わたくしはあなたに逢えてうれしい。あなたはインドの母です、日本へ来てわたくしは誰よりもあなたにお遭いしたかった」

「天涯にたよる者とてないインドの亡命青年を、かくまつて下さつたのみか、あたたかい家庭までもお与えくださつたあなた方に、わたくしは全インド人にかわつてお礼申しあげます」

〔田中一九五三：一三〇〕

パールが東京裁判以前にボースの存在を認識していたかどうかは不明であるが、彼がボースを温かく受け入れた相馬家に対して心からの敬意を示したことは重要である。この墓参と相馬家との交流は、後述するように広島の本照寺に立つ「大亜細亜悲願ノ碑」の碑文にもつながることになる。

さて、相馬家を後にしたパールは、築地本願寺で開かれるパール夫人の追悼法要に向かった。この法要は、パールが愛妻家だったことを聞いた下中彌三郎が急遽、開催を決定したもので、高良とみや東郷茂徳夫人など約五〇名の有力者が参列した。パールは涙を浮かべながら焼香をし、「胸が迫つて、私にはお話しすることは出来ない」と語ったという［アジア新聞一九五二・一一・一］。

翌二七日は、世界連邦日本国会委員会の招待で、衆議院の議長会議室を訪問した。

彼はここで、なし崩し的に再軍備に進もうとする日本の状況を批判し、次のように語ったという。

再軍備の方向は決してアジアへのみちではない。もし日本がアジアとともに平和国家をきずいてゆこうとするなら、現在の政治、経済施策に思いきつた改変を必要とするのではなかろうか。いまインドをはじめアジアの諸民族は、岐路に立つ日本政治の方向を、非常な友愛と同時に警戒の心をもつて見守つている。

［田中一九五三：二三五］

また、多くの日本人はインドがサンフランシスコ条約に反対した理由を理解できておらず「はなはだ残念」とした上で、アメリカとの繋がりよりもインドとの信頼関係を重視すべきことを訴えた。さらに、日本人はアメリカから流れてくる一方的なニュースのみを受容しているため「ものの見方や考え方を、他人の目や頭に頼りすぎている」と批判し、「よく真相をつきとめ、自分の眼、自分の頭でものごとを判断していただきたい」と訴えている［田中一九五三：二三七］。彼は、国会議員たちに対しても、日本人が過度のアメリカ依存によって主体性を失ってしまっていると批判し、東西冷戦の両陣営から距離をとるべきことを訴えた。

この日は、他にも岡崎外相のお茶会に出席し、財界人と交流を深めた。また、翌日はいすゞ自動車川崎工場や日本鋼管川崎製鉄所などを見学。日本の工業はアメリカの軍事産業を支えるのではなく、アジアの工場となるべきという持論を展開した。

戦犯釈放

一〇月二九日。

パールは東京弁護士会館で講演を行った。タイトルは「戦犯釈放の法的根拠」。彼はここで東京裁判の問題点を指摘しつつ、完全独立を果した日本は、自らの自由裁量で早急に戦犯の釈放を行うべきことを訴えた。

パールはまず、東京裁判の裁判所条例を問題視する。彼は「パール判決書」と同様、裁判所条例が国際法に基づいていない点を厳しく批判し、「征服者がそういうような犯罪のワクを勝手に法的にきめて、そのワクに被征服者の行為をあてはめて裁判をしたということが果して正義であるか」と論じる〔パール一九五三：四六〕。また、マッカーサーが日本の主権を代行する形で裁判所条例を制定し、これに基づいて刑罰まで加えた点を問題視する。

しかし、パールはこの連合国側の論法を逆手に取り、議論を展開する。

彼は言う。

もし、日本の主権を代行するマッカーサーが裁判所を設置し、刑罰を加えたというならば、日本が主権を回復した今日、「巣鴨拘置所の戦犯たちにたいして、自由な裁量をもつて、日本国家として釈放してもいいという結論が生み出されてくる」。よって、独立国家日本は、アメリカの意向に左右されることなく、独自の判断で戦犯の釈放を行うべきである［パール一九五三：五三－五四］。

このような認識は、前述の重光葵との会談の中でも語られた。

巣鴨の戦犯釈放はわれわれに残された義務です。（中略）アメリカのある学者は苦しまぎれに、あの裁判は国際法でさばいたのではない。マッカーサーが日本政府を代行して、日本の国内法としてさばいた特殊裁判であるといい出しています。なぜそのようなことをいい出したかといいますと、中共がアメリカの捕虜を東京裁判に見習つて国際法でさばくといいはじめたからです。アメリカにすれば身から出た錆です。もしかりに、東京裁判は国内法でさばいたというならば、日本が独立して主権を獲得した以上は、日本政府が自由に釈放するなり、再審議するなり、できるはずです。

そうあることを予測したアメリカは、サンフランシスコ条約第一一条で、日本の自由を縛つてしまつたのです。（中略）日本の全権は、アメリカの策謀的な仕うちを知つてか知らずか、あつさり簡単に承認してしまいました。じつさい日本の多くの政治家や民衆は、サンフランシスコ条約を〝史上稀にみる寛大、公正な条約〟と感謝しているのでしょうか。あなたは立派な外交官です。しかも政党の総裁であるあなたには、このことはよくわかつていると思いますが…。

〔田中一九五三：二一四―二一五〕

パールはこの後、広島や福岡でBC級戦犯の家族と面会し、戦犯釈放に関する踏み込んだ発言を行う。そして、帰国間際には巣鴨拘置所を訪れて戦犯との面会を行い、「戦争のおろかさを最もよく知る戦犯こそが、これからの平和な社会を構築する」と訴える演説を行った。

ガンディー主義と平和憲法

東京弁護士会館で講演を行った後、パールは早稲田大学に向かった。彼はここで「平和への志向」と題する講演を行い、ガンディー主義の重要性を説いた。

彼はまず、「こんにちの時代は、世界史の上にかつてみなかつた幾多の問題点をはらんだ状態におかれている」とし、世界連邦運動が盛んになりながらも、一方で極端なナショナリズムが勃興していることを憂いた。そして、原爆の開発により戦争が破壊しかもたらさない状況が現れたにもかかわらず、世界は軍拡の道を進み、対立がさらに激化していることを批判した。

そこでパールは断言する。

私はここにみなさんにはつきり申上げることのできるのは、この世の中にほんとうの平和を教えたのは、マハトマ・ガンヂー一人であるということである。私は世界の指導者のなかで、平和にたいして信頼できる唯一者は聖雄ガンヂーであると確信する。

〔パール一九五三：三三二―三三四〕

彼は、ガンディーの非暴力主義こそが平和的世界を構築すると主張し、「平和のための戦争」を説く欧米人を痛烈に批判した。また、彼はガンディーの「セルフコントロール論」の重要性を説き、自己を制御できない現代人が原子爆弾の管理をすることの危険性を説いた。そして、日本とインドが非暴力主義によって手を結び、東洋から世界平和を構築すべきことを強く訴えた。

このような認識は、翌日、京都で行った講演でも示された。「世界の恒久平和について」と題した講演で、パールは次のように論じた。

私は平和的方法によって、いいかえれば武器に対しても無抵抗主義によってあたるという新しい実験を試みようと提唱する。（中略）無抵抗主義は戦争より以上の勇気を必要とする。日本は武器をもって無類に勇敢だったが、平和憲法を守ることでも無類の勇気を世界に示して頂きたい。伝統的に無抵抗主義を守って来たインドと勇気をもって平和憲法を守る日本と手を握るなら平和の大きく高いカベを世界の中に打ち建てることができると信じる。

［毎日新聞大阪版一九五二・一〇・二一］

彼はここで、明確に日本の平和憲法を支持し、インドの非暴力主義と連繋することによって世界平和に貢献すべきことを訴えている。彼にとって憲法九条は、日本人が勇気をもって死守すべき重要なものであり、ガンディー主義を明文化した理想の宣言文であった。

朝鮮戦争批判

パールは、このような絶対的平和主義の立場から、当時、大きな問題となっていた朝鮮戦争を厳しく批判する。

彼は大阪の「つるや」で開かれた歓迎会の席で、自由党の代議士がアメリカから輸入する鉄鉱石のコスト問題を話題にし、日本の産業を再生させるためにもアメリカは値下げに協力すべきという持論を説いたところ、パールは次のように厳しく反論した。

その鉄鉱石をアメリカがたとえ百円にまけても、五十円にしても買うべきではない。ほんとうの意味の日本再起のための工業振興ではなくて、その鉄鉱石が、ただちに砲弾となり、戦車に化けるような、そのためにアジア人同志（ママ）が撃ちあうような、アジアと日本を戦渦に巻きこむようなそんなのろわれた鉄鉱石だとするなら、日本は手を出すべきではない。ガンヂーの不正、不義とは断じて妥協しないという非協力運動の精神はここにある。

［田中一九五二：二一六―二一七］

パールの朝鮮戦争批判には厳しいものがあった。彼は『世界』一九五三年三月号に掲載された論考「平和の仮面を剥ぐ」で、朝鮮戦争は「野獣のごとき残忍さをもつて戦われている」とし、東西対立の代理戦争を痛烈に非難した。

われわれは朝鮮で起こつていることが、朝鮮人にとつて真に平和への道を進むために意図されたものであるということを、ほんとうに信じることができるであろうか。ソヴエット・ロシアはアメリカを責め、アメリカはその全部の非難をソヴエットの肩においている。かような相互の非難が、しかも非難しつつなお一方において戦争をつづけることが、はたして世界平和の進歩に資するものかどうか？　われわれは理解しがたい。

［パール一九五三：九七］

さらに彼は、このようなアメリカの行動を無批判に支持し、それに追随しようとする日本に対して、批判の矛先を向けた。彼は、主体性を失いアメリカの属国と化している日本に対して、真の自立と独立を促し、東西両陣営から距離をとるよう再三にわたって警告を発し続けた。

戦後日本への憤りと失望

このようなパールの苛立ちと憤りは、旅の進行と共に高まりを見せる。

一一月一日。

大阪弁護士会館で行った講演「法律家の責務」では、日本の法律家を叱咤する厳しい言葉を投げかけた。

彼はまず「法は真理から発する」というインド時代以来の主張を展開し、「法律は人間社会に神様がお与えくださつたもの」という認識の重要性を論じる。そして、社会秩序と法の関係を説き、次のように述べる。

法律は、さきにも述べたごとく〝真理〟である。したがつて社会的にいかに弱い、貧しい人間でも、法律の前には、富める者、力強きものと平等である。法の前には万人平等、一視同仁である。この神聖なる法の力によつて、社会秩序は維持され、大衆も金持階級も、知識階級も平等に動かされるようになつた。……この考えがインドにおける法理哲学の基礎となつているのである。

［パール 一九五三：五三］

パールにとって、法とはあくまでも真理の表現である。現実社会に不平等が存在しようとも真理の下に人間は平等である。よってすべての人類は法の下に平等である。

彼はこのような見方を「国際社会」に対して敷衍させる。パール曰く、我々は世界において「国際社会」を構築しようとするならば、それをまとめるための「一つの法」が必要となる。世界を西側と東側に分断するようなイデオロギーではなく、それを超えた国際法の確立こそが最も必要とされる。

国際社会を動かし、固めてゆくためには、いま世界を二分している二つの思想というものを超越した、人道と人類愛に根ざした法律を、おたがいが認めあってゆくことが必要である。
［パール一九五三：五四］

では、国際法の原則とは何か？

それは、法が政治権力の上位概念であるということである。その時々の覇権国家の意向によって法が蹂躙され、都合よく解釈されるならば、国際法による世界秩序の維持という構想は崩壊する。

もし力の関係において、法が左右されるとするならば、それは、一部の人間の利益のための法律であって、法の神聖は犯され、法の真理はじゅうりんされ、国際社会は不安と脅威におののく以外にない。そうした法律は、決して国際社会のためのものではないと、私は信じている。
［パール一九五三：五四］

だからこそ東京裁判は問題のある裁判だった、とパールは力説する。東京裁判を基礎付けた裁判所条例は、特定の権力者が勝手に作ったものであり、国際法にまったく準拠しない代物である。一部のものが政治的に創作し、一部のものにだけ適用される法は、「法律ではなくリンチである」。

ここでパールは聴衆に訴える。

私はみなさん方にお願いしたいのは、この国際軍事裁判の問題をもっと研究して下さって、真に国際法律を守るような法律家になっていただきたいということである。（中略）法律の番人であり、法律を守ることを職業とし使命とするみなさんが、国際法の論争に無関心であるということは、私には信じられないことである。どうか高いプライドをもって、堂々とこの論争の中にのり出していただきたい。"法の真理"を守るような法律家になっていただきたい。

［パール一九五三：五六］

パールは東京裁判の問題に無関心で、アメリカ依存を強める日本人に対して、その憤りと落胆を隠さなかった。

彼は言う。

第二次世界大戦における最大の犠牲者は「法の真理」である。これからの世界は、この「法の真理」を全力で取り戻さなければならない。法の正義を国際社会において何としても確立しなければならず、それこそが現在の法律家に課せられた最大の責務である。

だからこそ、日本人は東京裁判の問題をじっくりと検証しなければならない。東京裁判が犯した構造的過ちを明確に認識しなければ、法による国際社会の秩序維持を果すことなどできない。

しかし、日本人はこの問題にいっこうに関心を向けようとしない。アメリカの顔色ばかり伺い、無批判な追随ばかりをくり返している。世界では東京裁判の見直しが始まっているというのに、「肝腎の日本において、いつこうにそれが問題化されていないということは、いったいどうしたことか」〔パール一九五三：五八〕。

——東京裁判を忘却し、アメリカ依存を強める日本。戦争の悲惨を誰よりも知っているはずの日本人が、なぜ無批判に再軍備の道に進もうとするのか？　なぜ、朝鮮戦争をサポートするのか？　なぜ東京裁判の問題を検証しようとしないのか？

パールは、東京裁判を忘却のかなたに押しやろうとする日本人にたいして失望と憤りを素直にあらわした。敗戦の衝撃で「背骨を抜かれ」、すべてをアメリカにゆだねる思考様式が確立してしまった日本を、彼は心から憂えた。「長いものには巻かれよ、強い者には屈服せよ」という戦後日本の精神に対して、パールは激しく憤慨した。

世界連邦アジア会議

一一月二日。

パールはこのような激しい感情を抱いたまま、世界連邦アジア会議に出席すべく広島へと移動した。

この頃、巷では会議出席のために来日した二人の人物が話題となっていた。一人はノーベル平和賞受賞者のジョン・ボイド＝オア。もう一人は、ヘルシンキオリンピック開会式で平和演説を試み話題となったドイツ人学生、バルバラ・ブライヤーである。二人は連日、新聞紙上に登場し、その動向に注目が集まっていた。

パールはこのような状況に、不満を抱いていた。

彼に同行したA・M・ナイルは、広島駅で待ち構えていた中国新聞記者の取材に対して、アジア会議の主役が西洋人となっていることを批判し、この会議の主体はあくまでもアジア人であるべきとの見解を示した。パール一行は歓迎の列を避け、各国代表団の専用バスには乗り込まず、足早に宿泊先に向かった［中国新聞一九五二．一一．三］。

世界連邦アジア会議は一一月三日に開幕した。場所は本川小学校講堂で、原爆ドームからは目と鼻の先の場所であった。

この会議には、東アジア・東南アジア各地の代表者が集結し、インドからも世界憲法草案を起草したS・チョウドリーが参加した。また、日本人では大会準備委員長の下中彌三郎のほか、議長の賀川豊彦、谷川徹三、森戸辰男、中谷武世、浅野晃、中山理々らが参加し、予想以上の賑わいを見せた。大会にはアインシュタインをはじめ、世界中から賛同のメッセージが寄せられ、新聞各紙も大々的に報道した。

パールは翌四日、開会式での挨拶に続き「世界に告ぐ」という題で講演を行った。彼は冒頭から、西洋人を偏重する会議の構造を痛烈に批判した。

この会議がアジア会議である以上、それはアジア人の意思によって——アジア人を代表するみなさん自身の意思によって——決定されなければならない問題である。

［パール一九五三：一一一―一一二］

パールはさらに問題の核心部分を追求する。

彼は言う。

世界連邦を構築しようとするならば、それ以前に西洋諸国は自らの植民地支配を放棄すべきではないか。彼らの帝国主義の問題を放置し、植民地支配に苦しむ非圧迫国の状況を等閑視して、世界連邦を叫ぶのは欺瞞なのではないか。

みなさんは西洋諸国の侵略によって、しいたげられた弱小民族の現状をこのままにしておこうというのか。あるいはこれをどうしようというのか。

［パール一九五三：一一三］

また、西洋人が抱き続けている人種差別の問題にも目をつぶってはいけない。人種問題が解決されなければ、世界連邦など成立するはずがない。まずは南アフリカなどで見られるような「人種的な偏見、争闘、残虐」を直視する必要がある。

パールは原爆の問題に触れ、さらに踏み込んだ発言を行う。アメリカの原爆投下の背景には、抜きがたい人種差別の感情がある。原爆投下は戦争終結に不必要な攻撃であり、その本質は「大量殺人」を伴う「実験」である。このような残忍な行為を行ったアメリカは、未だに反省の念を口にしていない。

これを投下したところの国から、真実味のある、心からの懺悔の言葉をいまだに聞いたことがないのである。今後平和をともに語る上において、果してそうした冷酷な態度が許されるだろうか。

［パール一九五二：一四］

アメリカは、原爆投下がなければ戦争が長期化し、自陣営にさらなる犠牲者が出続けたと主張し続けている。しかし、そのような口実で罪のない老人や子どもを殺戮してよいのだろうか。平和的生活を営む一般市民を無差別に虐殺した人間が、人道主義や平和という言葉を弄ぶことに、深い憂慮の念を抱かざるを得ない。「われわれはこうした手合いと、ふたたび人道や平和について語りあいたくはないのである」［パール一九五二：一五］。

だからこそ、会議では人種問題の解決がまずは優先されるべきである。この問題が解消されない限り、世界連邦アジア会議は成功を収めることはない。また、世界連邦構想も、西洋諸国の欺瞞を排除しない限り、進展することはない。

西洋諸国が彼ら自身の利益のためのみを図るような、そんな利己的な西洋偏重の考えが残っているあいだは、われわれの意図するような世界政府、世界連邦を成立せしめることは、できないと思う。

［パール一九五三：一八－一九］。

最後にパールは訴える。

原爆が登場した現在、これ以上の軍拡競争に熱を上げてはならない。原子力兵器は国連のような脆弱な組織ではなく、もっと公正な国際機関が一括管理するような体制を整えなければならない。「このことは世界連邦を実現させる上に極めて必要な要件である」［パール一九五三：二〇］。

このようなパールの激烈な演説は、会期中、最も大きな拍手で迎えられた。朝日新聞広島支社のある記者は、大会終了後、パールの演説が全会議の中で最も印象に残ったとし「日本人が、いや全アジア人が心に思っていることをズバリといった感じだった」と評している［朝日新聞広島版一九五二・一一・八］。

原爆慰霊碑への批判

さて、このようなパールの苛立ちは、この演説の直後に訪れた原爆慰霊碑の前で爆発する。彼は、碑に菊花を手向け、黙祷を捧げると、通訳のA・M・ナイルに碑文の意味を尋ねた。

——「安らかに眠ってください　過ちは　繰返しませぬから」

この碑文は、広島大学教授の雑賀忠義が作成したもので、広島市長・浜井信三が述べた「この碑の前にぬかずく一人一人が過失の責任の一端をにない、犠牲者にわび、再び過ちを繰返さぬように深く心に誓うことのみが、ただ一つの平和への道であり、犠牲者へのこよなき手向けとなる」という言葉に依拠していた。

パールは碑文の意味をナイルから聞くと、何度も繰り返し問いただした。そして、その意味が明確になってくると、パールは憤りの表情を浮かべて言った。

この碑文に「過ちは再び繰返しませんから」とあるのはむろん日本人をさしていることは明かだ、それがどんな過ちであるのか私は疑う、ここにまつってあるのは原爆犠牲者の霊であり、原爆を落としたのは日本人ではないことは明りょうである、落したものの手はまだ清められていない、（中略）過ちを繰返さぬということが将来武器をとらぬことを意味するならそれは非常に立派な決意だ、日本がもし再軍備を願うなら、これは犠牲者の霊をボウトクするものである。

［中国新聞一九五二・一一・四］

パールは、この碑に象徴される戦後日本の精神に我慢がならなかった。原爆の責任の所在をあいまいにし、アメリカの顔色を伺う日本人。主体性を失い、無批判にアメリカに追随する日本人。東京裁判を忘却し、再軍備の道を突き進み、朝鮮戦争をサポートする日本人。パールは、アメリカの意向を至上の価値として仰ぐ戦後日本の軽薄さに憤った。戦争に対する反省の仕方を誤り、再び平和の道を踏み外そうとする日本に苛立った。

この碑文批判は、大きな話題となった。

NHKのラジオ放送は、即座にこのパールの言葉を報道し、新聞各紙もいっせいにこの話題を取り上げた。

批判の対象とされた浜井市長は、中国新聞の取材に対して、次のようなコメントを出した。


過去の戦争は明らかに人間のあやまちであった。私はあの碑の前に立つ人々がだれであろうと「自分に関する限りはあやまちは繰返さない」という誓いと決意を固めることが将来の平和を築く基礎であり、また現在生きている人たちがそれを実践したときはじめて地下の英霊は安かに眠ることができるものである、その意味のことを短い文章に書いたものである、碑の前に対してだれの罪であると個人をつかまえてせんさくする必要はないと思う。あの碑の前には世界各国の人が立つだろうと私は思う。

［中国新聞一九五二・一一・四］

翌五日、パールと浜井は歓談の席を設けることになった。浜井が碑文に込めた意味を説明すると、パールは一応納得したものの「強いもののいいなりになったのではいつまでも平和は来ない」と発言し、日本人の姿勢を質した。

「大亜細亜悲願ノ碑」

さて、この歓談が行われる前の午前中。パールは宿泊先に一人の日本人の訪問を受ける。

筧《かけい》義章。

広島市内にある本照寺の住職だった。

彼は戦前期に満州に渡り、独自の宗教活動を展開していた。その際、彼は同じ満州で反英工作に従事していたナイルと知り合い、意気投合した。一九三四年にR・B・ボースが満州を訪れた際にはナイルと共に案内役を務め、親交を深めた。彼はその後、ボースを通じて在日インド人革命家のデーシュ・パーンデーとも知遇を得て、日本・満州におけるインド独立運動をサポートした。

一九五二年当時、本照寺の住職を務めていた筧は、新聞でナイルがパールの通訳として広島に滞在していることを知り、五日の朝、宿泊先に電話をかけた。すると、ナイルが「今日は幸い休日で旅館でゆつくりしているから直ぐ来て呉れ」と言うので、急遽、駆けつけた。

ナイルの仲介でパールと面会した筧は、ボースやパーンデーとの思い出やインド独立運動について語り、パールもそれに応えた［筧 n.d.：三七］。

当時、筧は靖国神社に祭られない一般市民の戦没者を慰霊する碑を、本照寺の境内に建立する計画を進めていた。彼は同志と共に次のような言葉を紡ぎ、碑文とすることを決めていた。

激動し変転する歴史の流れの中に
幾多の人々が　無量の思いを秘めて
死んでいった
しかし
大地深く打ちこまれた

悲願は消えない

寛は、パールとの会談中「この人の慰霊文を刻みつけることが、戦争犠牲者え（ママ）の最上の供養だ」と思い、パールに碑文の執筆を依頼した。するとパールは了承し、その日のうちに文面をナイルに届けさせることを約束した。パールは、半日間、部屋に篭って熟考し、以下の文章をベンガル語で書いた。

抑圧されたアジア解放のため
その厳粛なる誓いに
いのち捧げた魂の上に幸あれ
ああ　真理よ！
あなたはわが心の中にある
その啓示に従って　われは進む

この文章はその日の夜、ボースおよびパーンデーをはじめとするインド独立の志士の名前が記された石と共に、寛のもとに届けられた［寛 n.d.：三八］。ちなみにボースとパーンデーは、共に「大東亜」戦争の敗戦もインド独立も目にすることなく、戦争中に亡くなっている。彼らの名前が記された石には、反英独立闘争に命を捧げた同胞への追悼の念が込められていた。

筧は前の碑文にパールの言葉を加え、この年の末、「大亜細亜悲願ノ碑」を建立した。その際、ボースらの名前が記された石が、この碑の中に奉納された。

ここで我々が理解しなければならないのは、パールの碑文は、あくまでもアジアの解放のために戦ったアジア人に捧げられたものであり、「大東亜」戦争を戦った日本人に限定されたものではないということである。また、ボースやパーンデーの名前が書かれた石と共に奉納されたことから明確であるように、パールの碑文の主眼は、独立運動に邁進し命を失った同胞の追悼にこそあった。この碑文を、「大東亜戦争はアジア解放の聖戦である」という主張として解釈し、身勝手に流用する論者が多いが、これには大きな問題があるといえよう。[#2]

一一月六日。

彼は広島大学文学部と広島高裁・弁護士会の歓迎会で講演を行った。

この講演の全文は、パールの著書『平和の宣言』には収録されておらず、田中正明の手記の中に要約・抜粋された一部だけが残っている。そのため、要約文の正確さや前後の文脈を知ることはできない。しかし、靖国神社の遊就館の展示をはじめ、さまざまなところでこの田中の文章がパールの講演そのものとして流布し、一人歩きしている状況が続いており、問題がある。

田中によると、パールは次のような演説を行ったという。

わたくしは一九二八年から四五年までの一八年間の歴史を二年八ヶ月かかってしらべた。とても普通では求められないような各方面の貴重な資料をあつめて研究した。この中には、おそらく日本人の知らなかった問題もある。それをわたくしは判決文の中につづった。このわたくしの歴史を読めば、欧米こそ憎むべきアジア侵略の張本人であるということがわかるはずだ。しかるに日本の多くの知識人は、ほとんどそれを読んでいない。そして自分の子弟に「日本は犯罪を犯したのだ」「日本は侵略の暴挙をあえてしたのだ」と教えている。満州事変から大東亜戦争勃発にいたる真実の歴史を、どうかわたくしの判決文をとおしてじゅうぶん研究していただきたい。日本の子弟がゆがめられた罪悪感を背負って、卑屈、頽廃にながれてゆくのを、わたくしは見すごして平然たるわけにはゆかない。

［田中一九五二：二五九－二六〇］

資料の恣意性と断片性はさておいても、この文章を単純に「大東亜戦争肯定論」として解釈することには大きな問題がある。

ここで重視しなければならないのは「満州事変から大東亜戦争勃発にいたる真実の歴史を、どうか

#2　例えば、小林よしのりは筧が執筆した文章までもパールの詩として紹介し、独自の大東亜戦争肯定論を展開している。［小林二〇〇六：二一九］

わたくしの判決文をとおしてじゆうぶん研究していただきたい」と記されている点である。第三章で詳細に検討したように、「パール判決書」では、日本の帝国主義的拡張を列強の悪しき「模倣」と見なし、日本の為政者は「みずから過ちを犯した」と断言している。パールは、日本の為政者の問題を指摘した上で、西洋列強の植民地支配を厳しく非難し、日米開戦に関してはアメリカ側の責任を厳しく追及している。

パールは、このような歴史観を「じゆうぶんに研究していただきたい」と主張し、日本人がアメリカ政府の示す歴史認識に無批判な現状を憂慮している。これを単純な「大東亜戦争肯定論」として解釈し、流用することには問題がある。

信仰と平和

さて、パール一行はこの日の列車で、福岡に向けて移動した。

一一月七日。

彼は九州大学で講演を行った。タイトルは「世界平和と日本」。

パールは「米国は真珠湾を忘れるなと、言っているが、われわれは広島・長崎を忘れるなと訴えたい」とした上で、次のように語っている。

人類を破滅にもたらす戦争へ日本にも着々誘惑の手がのびているが、戦争にかりたてられるような事態に直面したら聖雄ガンジーのように無抵抗不服従主義で皆さんと一しょに監獄に入ります。

［夕刊フクニチ一九五二・一一・七］

さらに「朝鮮解放の美名の下に朝鮮で行われている現実を忘れてはいけない」として、日本が朝鮮戦争に加担すべきでないという主張を繰返した［西日本新聞一九五二・一一・七］。

彼は講演終了後、ボースを援助し続けた頭山満の墓に参り、雅叙園で知事と会談。その後、福岡の戦犯家族との面会も行った。

翌八日には、大宰府天満宮を観光。そこで板垣征四郎の兄と面会した。そして、その足で空港に向かい、飛行機で伊丹空港に到着した。

九日は神戸の商工会議所で在日インド人の集会に参加。そこから列車で再び東京へ向かった。

一一月一〇日。

東京に戻ったパールは、法政大学で講演を行った。この講演は、世界連邦アジア会議での演説に感銘を受けた法政大学教授・谷川徹三が依頼して実現したものであった［東京新聞一九五二・一一・一八］。

このときのタイトルは、「仏陀のこころに生きる」。

彼は、まず冒頭で日本各地を旅した感想を語った。

パールは言う。

「日本は美しい国である」。日本の細やかで美しい風景を目にすると、このような国で余生を過ごしたいという気持ちがわいてくる。それほどに、日本の自然は美しい。

しかし、日本人は美しい自然によって育まれるはずの平和の精神を見失おうとしている。文明の進歩に翻弄され、人々の間に距離が生まれてしまっている。

みなさんは、つぎの事実を隠すことはできない。それはかつてみなさんが、戦争という手段を取ったという事実である。

［パール一九五三：六七］

日本は、その美しい風景に反して、破壊と暴力の道を選ぶという重大な矛盾を犯した。この事実をしっかりと踏まえた上で、日本人は着実に平和の道を進まなければならない。

しかし、日本はあろうことか再軍備の道に突き進もうとしている。これは由々しき事態である。「私は日本の再軍備に反対する」。これは経済的な問題を考慮してではなく「武器そのものに反対する」という立場である。

日本が武器を持って再軍備するということは、東洋的な平和手段ではなくて、西洋的な道を選ぶことになる。

［パール一九五三：六九］

人間は、確かに暴力によって他者に打ち勝とうとする「動物的」な「自己保存」の精神をもっている。しかし、人間が他の動物と違うのは、動物的な暴力衝動を理性的精神や宗教的精神によって抑制する機能を有している点である。人間は、この点で暴力を乗り越える可能性をもっている。

内在する動物的悪魔的傾向——暴力による自己保存と自己拡張——を抑制して、理性と宗教と、そして友愛の精神の中に生き抜くべきである。国としての日本が、悪魔的な暴力の道を選ぶか、理性と宗教と友愛を信じて立つか、いまだいじな岐路におかれている。私は日本のみなさん、ことに日本の青年諸君に、この非暴力の思想をじゅうぶん深く研究してくださらんことをお願いする。

［パール一九五三：七二］

ここで重要なことは、やはり非暴力主義の精神である。非暴力の道は「怯懦」と誤解されがちであるが、決してそうではない。「非暴力ということは暴力以上の勇気を必要とする」。日本人は、このような非暴力という勇気を持たなければならない。

ここで日本人に提唱したいのが「魂の再軍備」である。軍事力によって暴力をけん制しようとするのではなく、強い精神力によって暴力を抑制すべきである。決して「武力による平和」を信じてはならない。

この「魂の再軍備」は強い道徳心と宗教心によって支えられる。宗教なき平和など存在しない。

宗教は人間に無畏の精神、すなわち怖れざる、恐怖観念なき、正道を踏みて死すとも悔なき大勇猛心を涵養する。宗教なき国はほろび、宗教なき人間は怯懦となる。したがつて宗教のないところに、ほんとうの力ある平和の実践行動は起きてこない。

［パール一九五二：七二］

戦後の日本には、このような宗教の力が衰えているように見受けられる。各地には立派な寺院仏閣があるが、「それは多く宗教心の対象であるというよりも、たんなる博物館ではないか」。宗教施設を単なる「見せ物」に堕させ、祖先に対する背信行為を行うことは、「宗教心の堕落」を意味している。

私は、現代日本人の心に、ふたたび宗教心がよみがえることを祈るものである。どうかみなさんの生活の中に、宗教を生かしていただきたい。これこそ日本の〝魂の再軍備〟の第一着のしごとであると確信する。

〔パール一九五二・七四〕

日本人は釈尊の仏教を、歴史的に大切にしてきた。釈尊の教えの重要なことは、彼があくまでも人間として生まれ、人間として生活を経て、悟りに至ったという点である。釈尊は、われわれのような凡欲の人間でも、高い精神をもって精進すれば、「安心立命の悟りの道にはいることができるということを身をもつて教えてくださつたのである」。われわれは「凡欲下賤の子」であっても「高い魂の把持者」となることができるのであり、このような道を通じて「魂の再軍備」を確立しなければならない。

この美しい国をより美しくするために、宗教によつてその魂を磨きあげていただきたい。広大なる慈悲の精神、妥協なき正義の精神、何ものをも恐れざる無畏の精神、この高められた精神によつて、この美しい国を守つていただきたい。どうかこの美しい国土を、二度とふたたび破壊と殺戮の悪魔の手にゆだねないでいただきたい。〝戦争によつて、または武装することによつて平和を守る〟という虚言に決して迷つてはならない。私が日本を去るに際してみなさんに熱願するのは、ただこの一事である。

パールはこのようなメッセージを残して、壇上を後にした。会場を埋めた学生たちの拍手は、なかなか鳴り止まなかったという〔東京新聞一九五二・一一・一九〕。

翌一一日。

彼は巣鴨プリズンを訪問し、A級戦犯として服役中の賀屋興宣と面談した。さらにBC級戦犯とも面談を行い、戦犯の早期釈放を訴えることを約束した。彼はここで短い講演を行い、「戦犯を拘禁しているのは憎しみを満足させるためだけ」と訴えた。

この後、パールは空港に向かい、二一時の飛行機でインドに向けて帰国した。

インド到着後の一三日。

彼は『毎日新聞』に、次のようなメッセージを寄せた。

諸君の原爆体験は朝鮮型のいかなる〝解放〟に対しても諸君がその仲間になることを差控えさせるだろう。実際二つの世界大戦の教訓を学んだ後になってさえどの国もその戦前の考え方を固執し続けているということはいささか驚くべきことである。私は日本が他のアジヤ諸国と友好関係を結び新しい世界を形成すべき勢力についての完全な認識に照らして、啓発された自己の利益に基いて行動するようになることを期待したい。

〔毎日新聞一九五二・一一・一三〕

彼は、あくまでも日本はアジアとの友好関係を重視し、東西両陣営から距離をとり続けるよう訴えた。そして、朝鮮戦争において対立する両陣営の一方の「仲間になることを差控え」るべきことを説き、非武装中立による真の独立を促した。

しかし、一九五〇年代の日本は、パールの進言とは逆にアメリカへの傾斜を強め、再軍備の道を突き進んでいく。

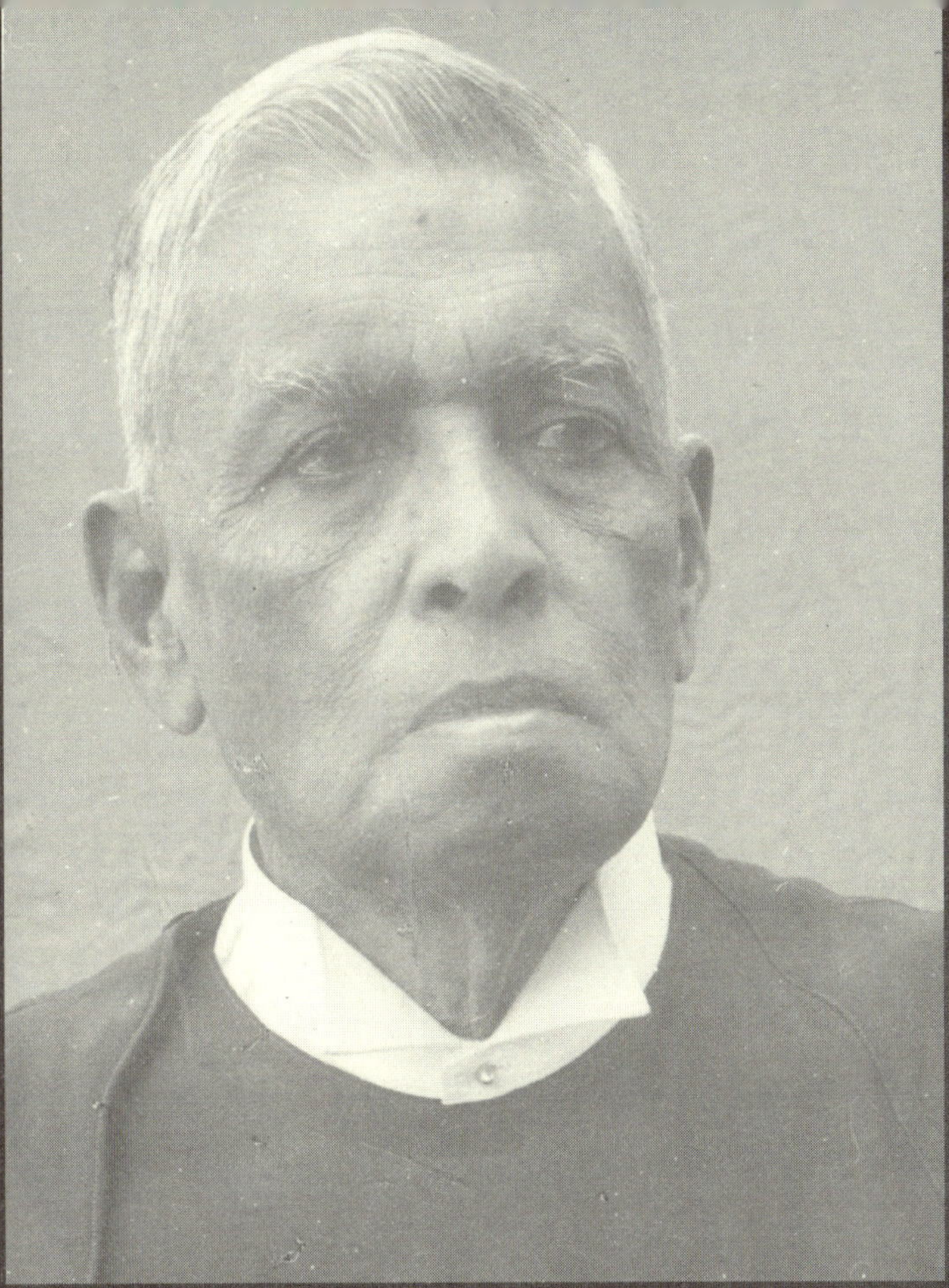

晩年のパール。

A Division of the Shimonaka Memories Foundation

パール判事を囲む会（椿山荘）。

パールとナイル。
A Division of the Shimonaka Memories Foundation

第六章　晩年

国連での活躍

パールは一九五二年八月、国連の国際法委員会（International law Commission）の委員に選任された。この委員会は、国際法の法典化を進める会議で、当時は「人類の平和および安全に対する犯罪」の法案の審議を行っていた。

パールは当初から、国連のあり方に批判的であった。彼は東西対立が激化する中、インドネシア独立戦争の泥沼化や朝鮮戦争の長期化を解決できない国連の脆弱性を批判していた。

パールの見るところ、国連の最大の問題は、基本理念をめぐる共通認識が構築されていないことにあった。国際秩序を維持し、問題解決を公正に行うためには、各国が特定の基本理念を共有することが不可欠であるとパールは認識していた。

戦後、世界が最も悲観したのは、あれほど期待された国際連合が、緊急を要する国際問題の解決にあたつて、仲間われをして、協力態勢を促進することができなかつたことである。緊急問題だけでなく、未解決の国際問題の解決に対してさえも、仲間のあいだに協力の意思が欠けていたことは、さらに歎かわしきかぎりである。この失敗の原因はどこにあつたかというと、団体が正常なる働きをする上において欠くべからざるところの基本観念にたいし、意見の一致をみなかつたということである。

［パール一九五三：一三八］

では、共有すべき「基本観念」とは何か？

パールはこれを「国家、法律、主権にたいする観念」であると定義する。この三つの観念を共有しなければ、国連が一つの団体として機能することは難しいと彼は説く。

当時の状況において、このような観念の共有を阻害するのはソ連の共産主義であるとされた。国連の運営に東西冷戦が持ち込まれ、「仲間われ」の状態が継続した。

パールは、このような事態の元凶をソ連にのみ押し付けてはならないと力説する。

確かに、ソ連は「国家、法律、主権」に関して「根本的に相違した観念をもつている」。この状況で基本観念の合意を見出すことは難しい。しかし、国際法による秩序の維持という点においては、共通の合意を見出すことができるはずである。

国際法がもつところの国際的に有効な最小限度は、観念的論争とはまつたく別個に確認されうるものでなくてはならぬ。この問題は、いかなる観念的熱狂によつても、紛糾させられることは許されない。

［パール一九五三：一三九］

しかし、西側諸国はソ連に対する敵意を煽るばかりで、合意を見出すための粘り強い交渉を放棄している。東西両陣営とも、まずは相互不信を取り除く努力をするべきであり、それが実現しない限りは、国連の本来の機能が果されることはない。

このようなパールの考えは、一貫していた。

彼は一九五四年七月二四日に開催された国際法委員会第二七六回会議で、「人類の平和および安全に対する犯罪」の法案の条項をめぐる議論に加わらず投票も棄権することを表明した。彼は、委員会の努力と正義感を評価した上で、次のように発言した。

国際社会が現在のような発展段階の途中にある時期に、このような理想を実現することは不可能であると強く感じる。

[International Law Commission 1954 : 176]

パールは、国連の脆弱な体制が改善されず、世界がイデオロギーによって二分化されている現状において、理想化された刑法を導入することは、むしろ危険であると主張する。なぜならば、国家の上位に立つ国際機構が整備されないまま、法だけが制定されても、結局は戦争の結果に左右されることになり、国際法そのものが空洞化するだけだからである。発展途中にある国際社会は、まだ厳密な刑法を導入する段階には到達していないというのが、パールの主張だったのである。

しかし、彼は国連の存在そのものを否定しているのではなかった。

一九六〇年一〇月二四日に国連一五周年を記念して行った演説では、冷戦下の国際政治を基礎付けている勢力均衡論を厳しく批判し、国連が宗教心と規範化された倫理観に基づいて、共生社会を構築していくべきことを訴えている［Pal 1960］。

彼の主張は、東京裁判の過ちを繰り返さないためにも、人類は基本理念を共有する国際機構を早急に確立すべきであり、宗教的真理に基礎付けられた国際法による秩序の維持を推進しなければならないというものであった。彼はこの観点から、当時の冷戦構造を痛烈に批判し、東西両陣営に反省と改善を促し続けたのである。

三度目の来日

パールは一九五三年一〇月、再び日本を訪問した。

このとき来日を要請したのは、前年と同様、下中彌三郎であった。

下中はこの年の一月、神奈川県横浜市の大倉山文化科学研究所に就任し、新たな活動に乗り出していた。この研究所は一九三二年四月に大倉邦彦が創立したもので、各界から研究者を集め学術研究を促進すると共に、精神文化に関する附属図書館も開設し、広く社会教育活動を展開していた。しかし、終戦と共に運営が行き詰まり、一九五三年になって下中が再建を引き受けた。

下中は、この研究所の再建策の一つとしてパールを招聘し、特別講座を開講することを決定した。彼は早速、パールに打診し、この年の一〇月に来日が実現した。

パールは一〇月二〇日から三〇日までに、計八回「インド法哲学思想の源流」と題した講座を開いた。初日の開講日には、五〇人の聴衆が集まったものの、内容が専門的過ぎたためか、次回以降の参加者は二〇人前後に減少した。

彼は二四日、この研究所で毎週土曜日に開催されている「万人向の新知識講座」で登壇し、「インドは立上る」と題した講演を行った。

彼はまず、アジアが長い眠りから目覚めようとしているという認識を示した上で、西洋の没落のあとに来るべきものを直視すべきことを訴えた。パールの見るところ、西洋諸国は「産業革命の不調和をどう解決すべきか苦慮している」。これまで西洋諸国はインドを植民地支配し「泥棒商売をやってきた」。日本もこのような帝国主義に追随し、アジアで戦争が起こった。しかし戦争が終わり、アジア諸国は植民地支配から独立した。アジアはようやく自立の道を歩み始め、新たな道を開拓しつつある［神奈川新聞一九五三・一〇・二五］。

ここで問題なのは、日本の現状である。日本は完全独立を果したにもかかわらず、他国の言いなりになって再軍備を推し進めようとしている。これでは、独立国としての名誉を保つことはできない。

わたしは日本がみずからの決意と判断によって主権確保の道をきり開いてゆくことを望んでやまない。

〔神奈川新聞一九五三・一〇・二五〕

ここでもパールは、前年（一九五二年）の来日時と同様、アメリカの意向に従って再軍備の道に突き進もうとする日本に対して、厳しい批判を投げかけた。パールの日本を愛するがゆえの批判は、一貫して厳しいものがあった。

また、彼はこの日本滞在の最中に、下中彌三郎と中谷武世を介して岸信介と面会している。中谷によると、このときパールは、岸の運営する「日本再建連盟」が占領政策の是正を訴えて活動を展開していることを聞くと、「それでは、岸を総理大臣にして、日本国の再建の指導に当たらせるとよい」と述べたという〔中谷一九六七：八〇―八一〕。実際、岸はこの三年後、総理大臣に就任したが、パールの構想に反して日米安保体制の強化を推進し、軍事力の増強を進めた。

パールは一一月一日、二日に山形・仙台を訪問し、その後インドへと帰国した。

トインビーと文明論

一九五二年、五三年の二度にわたるパールの来日は、日本の論壇に「パールブーム」と呼ぶべき現象を生み出した。彼の論考が、『文藝春秋』『世界』をはじめ、『改造』『文芸日本』『日本週報』などに立て続けに掲載され、話題となった。一九五三年四月には、これらの論考と前年の来日時の講演録が田中正明によって編集され、『平和の宣言』というタイトルで出版された。

この時期の彼の文章に通底するテーマは「文明論」である。特に西洋中心的な文明観を批判し、精神文化や宗教・信仰心の重要性を説く記述が多い。

彼は、このような文明論を展開する際、繰り返しアーノルド・J・トインビーの論考に言及している。周知の通り、トインビーは二〇世紀を代表するイギリスの歴史家で、大著『歴史の研究』を著したことで知られる。彼のヨーロッパ中心史観への批判や宗教的歴史認識のあり方は、幅広い知識人に影響を与え続けた。

パールは東京裁判の判決書においても、しばしばトインビーに言及し、西洋文明のあり方を批判している。特に西洋人の人種差別を厳しく批判する箇所では、その論拠のほとんどをトインビーの著作に依拠し、議論を展開している。

パールの論の特徴は、トインビーに言及しつつ、繰り返しアメリカの原爆投下を非難する点である。パールにとって、広島・長崎への原爆投下はトインビーが厳しく指摘した西洋人の人種差別意識の産物であった。

日本の敗北がすでに決定的になつたあとで、彼らは広島と長崎とに原子爆弾を投下したのであるが、そのときの彼らの日本人に対する観念は、前述の土着人的観念を一歩も出ていなかつたことは確かである。

〔パール一九五三：一二六〕

ここで「前述の土着人的観念」と述べているのは、トインビーの『歴史の研究』の記述を受けている。トインビーは、西洋人が非西洋人を「土着民」と呼び人間以下の扱いをしてきた歴史を批判的に検証しているが、パールはこの記述を援用し、アメリカの原爆投下を非難している。

一方、彼は自らの判決書の中で、西洋人の人種差別を批判した後、次のように論じて、日本人に対しても警告を発している。

西洋人とおなじように、日本人もまた多くは「選民の神」の崇拝者であったのだということに、ついでに、触れておこう。

〔東京裁判研究会一九八四b：一二〇〕

パールは、戦争という巨大な暴力を生み続ける近代文明を乗り越えるために、まず西洋人や日本人が抱いている人種差別意識を捨て去る必要があると訴え続けた。

また彼は、トインビーがガンディーを絶賛している点を指摘し、これからの新しい文明は、ガンディーが示した非暴力主義の道を採るべきであると唱えている［パール 一九五三：一五二－一五五］。パールは、生涯一貫してトインビーの歴史観への共感を示し、その記述に依拠して議論を展開していった。

田中正明『パール博士の日本無罪論』

インドに帰国後のパールは、前述の通り、国連の国際法委員会を中心とする活動に身を挺した。また、従来積み重ねてきた研究の成果を刊行し、インド政府から名誉法学教授の称号や勲章が与えられた。しかし、七〇歳代の半ばを迎えた一九六〇年ごろから、活動の範囲は限定的になり、カルカッタの自宅で静かに過ごす日が多くなった。彼はこの頃、自らの貧しい生い立ちに思いを馳せ、貧困で苦しむ子供たちに自宅で食事を与えたという。

一方、日本では一九六三年、田中正明によって「パール判決書」の概説書『パール博士の日本無罪論』が出版された。難解な「パール判決書」を田中独自の視点で読み解いた同書は、長年にわたって広範に売れ続け、以後、多くの論者がパールの東京裁判批判を論じる際に依拠する重要文献となった。この本は二〇〇七年現在も小学館文庫として刊行され続け、多くの読者を得ている。「パール判決書」の内容を、同書に基づいて議論する傾向は現在でも変わりなく続いており、その影響力は大きい。

しかし、同書には「パール判決書」の概説書として問題がある箇所が散見される。明らかな誤読や改竄、ミスリーディングを誘う記述、意図的な割愛など、パールの主張から大きく逸脱している部分がある。

まず第一の問題は、「日本無罪論」というタイトルである。このタイトルが一人歩きし、「パールは戦前の日本の行為はすべて問題がなかったと主張している」と誤読されるケースが後をたたない。

ここで再び確認しておかなければならないのは、パールは判決書において、あくまでも「A級戦犯の刑事責任」のみを判決の対象としているということである。そのため、ここでの主語は「日本」ではなく、「A級戦犯」に限定されなければならない。パールはBC級戦犯の刑事上の責任（通例の戦争犯罪）を認めており、日本の行為すべてを免罪した訳ではない。

また「無罪」という語も「国際法上の罪」に限定して論じなければならない。彼は判決書の中で、「東条一派は多くの悪事を行った」「日本の為政者、外交官および政治家らは、おそらく間ちがっていた」「みずから過ちを犯したのであろう」と言明し、日本の為政者に道義的責任があることを明確に示している。この点を誤解し、パールの主張を「日本の為政者には一切責任がない」「日本は道義的にも無罪」

と飛躍して理解してはならない。

以上のことから、同書のタイトルは少なくとも「A級戦犯無罪論」としておくべきであっただろう。「日本無罪論」という語は、「パール判決書」の趣旨から明らかに逸脱している。

また、第三章と第四章でも論じたように、田中は裁判所の管轄権をめぐるパールの議論を、意図的に改変して論じている。パールは日中戦争を「戦争の規模に達していた」と主張し、東京裁判では日中戦争以降の戦争を審議の対象とすべきことを訴えたが、田中は「パール判決書」には「本裁判所における管轄権は、一九四一年一二月七日以降、日本降伏までの間に起きた、いわゆる太平洋戦争中の戦争犯罪に対してのみ限定すべきである」と記載されているとしている〔田中二〇〇一：一六五〕。これは明白な改竄であり、パールの主張を著しく歪曲している。

さらに田中は、パールが張作霖爆殺事件を「無謀でまた卑劣である」「殺人という卑怯な行為」と論じ、満州事変を「非難すべきもの」、満州国建国を「手の込んだ政治的狂言」と厳しく批判したことを、すべて割愛している。さらに、南京虐殺やフィリピンでの虐殺事件を事実と認定し、「鬼畜行為」と厳しく非難している点にも一切触れていない。この部分は「パール判決書」の最も重要な論理展開の場面であり、パールの明確な価値判断を割愛することには極めて大きな問題がある。

しかし、このような問題の多い書物に基づいて、以降、「パール判決書」をめぐる議論が展開されることとなる。中にはパールの議論を「大東亜戦争肯定論」として援用し、日本の植民地支配や戦争行為を正当化する論拠として利用する者まで出現することになる。

この流れに、幾人かの国際法・軍事外交史の研究者が危惧を抱いた。

彼らは一九六四年に「東京裁判研究会」を組織し、「パール判決書」の読解に取り組んだ。そして一九六六年六月、「パール判決書」全文訳に内容の要旨、歴史的背景の解説、パールの業績などを付した『共同研究　パル判決書』を出版した。

彼らは出版にあたって、パールに序文の執筆を依頼した。しかし、パールは「あの判決書に加うべきなにものもない」と言って、執筆を断った。彼らは序文掲載を断念する代わりに、パールの日本招聘を企画した。

清瀬一郎は、岸信介との連名で次のような趣旨の手紙をパールに送ったという。

わが国では大きな著作でもするというと、みな友人に寄ってもらって出版記念会というものをやる。日本では慣習になっている。そこで出版記念会をやりたい。ほんとうの筆者である君が来てくれないというと留守中のようなことになるから。

〔清瀬一九六六：一一〕

この清瀬の依頼にパールは応え、一三年ぶりに来日することが決まった。

彼はこのとき、八〇歳になっていた。

四度目の来日

一九六六年一〇月一日、午後八時四〇分。

パールを乗せた飛行機は、羽田に到着した。

タラップを下りる彼の足元はおぼつかず、出迎えの人々の間から「手押し車を用意しては」という声が上がった。彼は佐伯歓迎事務局長の肩に手をかけ、ゆっくりと特別待合室に向かった。誰の目にも、パールの老衰は明らかだった［パール博士歓迎事務局一九六六：九］。

待合室で記者会見に臨んだパールは、来日の喜びを繰り返し述べつつ、東京裁判に言及して次のように語った。

> わたしの判決が正しかったことをいまも信じている。東京裁判ではもっとも悲しむべき誤審が行われたと思っている。こんごは世界連邦の建設によって平和を築く努力をつづけたい。
>
> ［産経新聞一九六六・一〇・二］

パールの世界連邦に対する思いは、八〇歳を超えてもなお、強いものがあった。

翌日、彼は千鳥ヶ淵墓苑を訪問。あいにくの大雨だったため、車中から手を合わせ、無名戦士を追悼した。その後、NHK放送文化センターを訪ね、番組セットなどを見学した。

この日の様子からも、パールの体調が思わしくないことは明らかだった。関係者は、予定に組み込まれていた長崎訪問をキャンセルし、京都訪問以外は、東京に滞在する日程を組んだ。

翌一〇月三日。

パールは日本大学で名誉博士号を受けることになり、その授与式に臨んだ。モーニング姿で現れた彼は、壇上から次のように語った。

インドのガンジーとネールは共に偉大な人物ですが、真理のためには、何ものをも恐れないという信条を持っていました。私もこの教えに従うものです。誰も支持してくれなくとも、自分が真実と思えば、最後までそれを貫くべきです。私があの東京裁判で行ったことは、あくまでも、ゆるがすことの出来ない絶対的な真理の追究ということでありました。私はいまでも確信をもって、自分の判決書に書いてあることが間違いないということを断言出来ます。

［パール博士歓迎事務局一九六六：二四］

彼の演説は、はじめ低音でほとんど聞き取れないものだったが、次第に熱を持ち始め、最後は驚くほどの大きな声になったという。

この日の午後は、帝国ホテルでの午餐会に出席。岸信介や賀屋興宣、荒木貞夫、田岡良一らと歓談した。このとき、パールは次のように発言した。

あの戦争裁判で、私は日本は道徳的には責任はあっても、法律的には責任はないという結論を下しました。法というものは、その適用すべき対象をあれこれと選ぶことが出来ないものです。あれを罰してこれを罰しないということは出来ません。

［パール博士歓迎事務局一九六六：三四］

ここで重要なのは、彼が東京裁判を振り返りつつ、日本に道徳的責任があることを明言している点である。彼は日本の為政者に法的責任は問えないものの、道義的責任は存在することを端的に述べている。しかも、その言葉は賀屋、荒木のようなA級戦犯を目前にして語られており、重い意味を持つ。

パールは、日本人から同情ある判決に感謝する旨の挨拶を受けるたびに「私は日本に同情して判決書を書いたのではなく、真実を追究した結果である」として、怒りをあらわにしたという。日本人による都合のいい解釈を許さないパールの姿は、八〇歳を超えてもなお健在であった。

無言の演説

さて、この午餐会の終了後、パールの体に異変が起きた。彼は帝国ホテル内の部屋に戻る途中、急に腹痛を訴え、顔色も一気に蒼白になった。彼は部屋のベッドに横たわり、医師の診察を受けた。

病名は胆管炎。

パールの持病だった。

彼は血液検査を受け、体を休めた。

しかしこのとき、彼は尾崎記念会館で講演をする予定が入っていた。開始時間は午後三時。血液検査が終了したときは、既に三時半を過ぎていた。

会場には五〇〇人近い聴衆が集まっていた。姿を見せないパールの代わりに、急遽、清瀬が東京裁判の話を行い、時間をつないでいた。

帝国ホテルでは、パールの講演は不可能と判断し、彼のメッセージを会場で代読することが決まった。パールは取材に応じ、メッセージを語り終えると、不意に立ち上がり、身支度を始めた。

「痛みが薄らいだ。私は、私を待っている人たちを失望させるわけにはいかない」

［パール博士歓迎事務局一九六六：三六］。

関係者は慌てた。薬で痛みはやわらいでいるものの、それは一時的なものであり、安静が必要だった。インドから同行していた長男のプロサント・パールが言った。

「行っても絶対にスピーチをしないと約束しますか。……一旦喋り出したら体のことなど忘れてしまう。喋ることがお父さんの体に一番悪いのです。もしスピーチをしたら、ぼくは今夜お父さんをおいてインドへ帰ります」

［パール博士歓迎事務局一九六六：三六―三七］

息子の言葉を聞くと、パールは一言、「約束する」とつぶやいた。パールは両脇を抱えられながら、会場へ向かう車に乗り込んだ。

尾崎記念会館に到着すると、入り口で東条英機の未亡人と末娘が待っていた。一九五二年来日時以来の再会を喜んだあと、彼は満員の聴衆で埋められた会場へと入っていった。

パールの姿が見えると、会場は嵐のような拍手に包まれた。彼は両脇を抱えられ、ゆっくりとした歩調で演壇に向かった。

彼が壇上に上がると、その声を聞き漏らすまいと、会場は静まり返った。彼は静かに合掌し、一礼すると、そのままの姿勢で動かなかった。

沈黙が流れた。

パールは無言で合掌したまま、立ち尽くしている。体は少し前かがみで、かすかに震えている。

一人の老人が、突然、嗚咽の声をあげた。

これがきっかけで、会場のあちこちからすすり泣く声が聞こえはじめた。

清瀬が「博士は安静の身です。きょうは、このまま失礼させていただきます」と挨拶し、パールは一言も発しないまま壇上からおりた。中央通路を通って出口に向かうと、老齢の女性が駆け寄り、パールの足元に跪いた。

「すわって見送りするのは失礼ではないですか」と一人が言うと、身を硬くしていた聴衆がいっせいに立ち上がり、割れんばかりの拍手をおくった〔読売新聞一九六六・一〇・四〕。

五〇〇人に見送られたパールは、帰りの車中でもらしたという。


「病気のせいばかりではない。胸がいっぱいで、口を開くこともできなかったのだ」

〔読売新聞一九六六・一〇・四〕

帝国ホテルの部屋に戻った彼は、再びベッドの上で静かに合掌した。

ＮＨＫでの収録

翌日以降、パールの行動は医者から制限された。一日一行事が原則とされ、大半をホテルの部屋で休息することが決まった。

四日は夕方に開かれた歓迎レセプションに出席。この場で彼は勲一等瑞宝章を授与された。

翌五日は、ＮＨＫを再訪。テレビ番組「土曜談話室」の収録にいどんだ。

話の聞き手は田岡良一。東京裁判研究会のメンバーで、『共同研究　パル判決書』に「パル判決の意義」という文章を寄せた法学者である。

パールは田岡の質問に応じ、東京裁判の問題点を指摘。「A級戦犯は無罪」という判決は日本への同情のためではなく、「信念である正義」を貫こうとしただけであると述べた。さらに、法の支配による世界連邦建設のため、各国間の相互不信を拭い去る必要があることを強調した［パール博士歓迎事務局一九八六：九八－九九］。

最後に田岡は、次のようなコメントをパールに向ける。

日本国民が一九三一年から一九四五年に行ったおろかなことが、博士の判決書で正当化されて完全に無罪だと、判断すべきではないのですね。日本国民は違った判決書を作成すべきです。そのわれわれ自身の判決書に従って、お互いに熟考すべきで、あのようなおろかな行為を繰返さないと誓約すべきだと考えます。

［パール博士歓迎事務局一九六六：九九］

これに対しパールは、田岡の意見を敷衍して次のように語った。

そのご意見は日本にのみ適用されることです。しかし今は日本だけでなくすべての国が政治と権力の分離を真剣に考えなければならない時だと思います。誇張せずに言えることですが、権力というものは現在ではなんの利用価値もありません。権力は全く不必要です。

［パール博士歓迎事務局一九六六：一〇〇］

ここでの「権力」とは、前後の文脈から考えて「抑圧」や「暴力」に近い意味で語られている。パールはこのとき、日本が自らの道義的罪を反省し、その上に立って世界各国とともに権力的抑圧や暴力を払拭する努力をすべきだと訴えた。

パールは収録後、田岡とかたい握手を交わしたが、その手をすぐには離そうとせず、スタジオの外まで手をつないだまま出て行ったという。

パールは翌日を完全休養し、七日、京都を訪問した。彼は国際会館や大徳寺を見学、嵯峨野の景色を車中から眺めつつ「出来たら余生をこういうところで送りたい」と漏らしたという〔「パール博士歓迎事務局一九六六：六八」〕。このエピソードが、後に京都霊山護国神社に「パール博士顕彰碑」が建立される発端となった。

九日、パール一行は東京に戻り、一一日に「パール博士を囲む会」に出席。翌一二日の昼過ぎに羽田空港からインドへ向けて帰国した。わずか一二日間の日本滞在だった。

最後のメッセージ

パールは帰国するにあたって、インドで書き上げた二本の論考を手渡した。

一つは「若き日本の世界的使命」と題されたもので、『時』一一月号に掲載された（抄訳は一〇月一一日の朝日新聞に掲載）。またもう一つの「平和の条件——東洋と西洋の秩序統一を」と題されたものは一〇月一四日の読売新聞に掲載され話題となった。

ここでもパールは従来の主張を繰返した。

「若き日本の世界的使命」では、まず世界各地で力を持ち続けている軍国主義を厳しく批判し、ガンディーの絶対平和主義を想起すべきことを訴えた。また、西洋人の人種差別意識を非難し、日本は西洋諸国による分割支配の企みに、十分に警戒すべきことを説いた［パール博士歓迎事務局一九六六：八二－九五］。

また「平和の条件」では、東西冷戦を厳しく批判。世界の統一のためには東洋的精神が重要であることを強調した。

彼はここで東洋的無の精神の重要性を説き、「無為」の立場によってこそ自生的秩序と政治的秩序を融合させることが出来ると論じる。そして、西洋の政治は常に外界を征服することに関心が向けられるが、東洋ではそのような計らいを極小化させた無の立場こそが「控えめな積極性」として尊ばれると主張した。さらに、東洋と西洋が「相まみえ、融合」することで「東洋的であると同時に西洋的な性格をもつ単一の世界運動のなかにある」状況を構築しなければならないとし、「闘争」や「破壊」を超えた世界秩序形成の重要性を訴えた［パール博士歓迎事務局一九六六：一〇一－一〇六］。

パールはインドへ帰国するにあたり、来日中に広島・長崎を訪問することが出来なかったことを悔やんでいた。そして、滞日中に受けた原稿料や見舞金を、原爆ドーム保存強化費として寄付したい旨を申し出た。さらに、彼はインドに帰国後、「広島、長崎の友へ」という文章を書き、日本へ送った。この文章は一〇月二六日の『中国新聞』に掲載され、広島市民に衝撃を与えた。

彼は、原爆投下の悲劇を目撃した後の世界が何も進化していないことを直視し、その問題点を鋭く指摘する。
彼は言う。

悲しいことに、あれだけ広島と長崎が苦しんだあとといえども、人類はそれ以前と同様に分裂の様相を示しています。今もあれ以前同様、世界はばらばらの破片にくだかれたままの姿であり、なにか新しい全体性を求めるなどということは、以前にもまして希薄のようです。（中略）世界は人類の統一について合理的な思想にはまだ少しも目ざめているようにはみえません。あらゆる国家主義の利害の争いは高まるとも減ってはいません。（中略）至る所で国の指導者や強国の最高方針決定者たちは、国家民族の運命を、あいも変わらず残酷にもてあそんでいるのです。

［パール博士歓迎事務局一九六六：一〇九］

パールは、広島・長崎の市民に対してもたじろがない。むしろ、厳しい現実をしっかりと見据えることこそが重要であると説いた。
彼は、さらに厳しい言葉を投げかける。

見通しはまことに暗い限りです。どんなおそろしい目も、またみなさんが原爆のもとで苦しまれたほど大きな苦しみも、歴史の力をその行く道からそらせることはできないようにみえます。世界は永久的な平和の方向には大して進んではいないようです。広島と長崎の原爆投下は、ただ不吉な破壊の日を迎え入れたに過ぎないかに見えます。

［パール博士歓迎事務局一九六六：一〇九］

世界は広島・長崎の惨事に直面しながらも、平和構築の方向へは進まず、むしろ対立を深め軍事力を拡大させている。広島・長崎の被害は、ただ「不吉な破壊」がおこったという悲劇としてしか捉えられていない。パールが示す見通しは、まったくもって暗い。

彼は、最後に広島・長崎の市民に訴える。

友人のみなさん、私があなたがた全部にとくにお願いしたいことは、人類の未来に、そしてあなたがた自身の将来に、あなたがたが責任の一部になっているということを忘れないでいただきたいのです。

被爆者は単なる被害者ではなく、これからの新しい世界を構築する積極的な主体でなければならない。広島・長崎の市民こそが、世界の統一と恒久平和のための責任を担わなければならない。

彼のメッセージは、最後まで厳格で鋭いものだった。

そしてこの文章が、彼が公的に残した最後の論考となった。

日本滞在から約二ヵ月後の一九六七年一月一〇日。パールはカルカッタで息を引き取った。

享年八〇歳。

妥協を許さない生涯だった。

終章

息子の怒り

一九九八年六月六日。

インドを代表する新聞『インディアン・エクスプレス』紙に「父の名のもとに裏切られた息子」という記事が掲載された。

この「息子」の名前は、プロサント・パール。一九六六年の来日時に同行したパールの長男である。

記事は、次のように始まる。


今、一本の映画が東京で上映されている。戦中の日本の総理大臣・東条英機の生涯とその時代を描いたものだ。そして、この映画が、六五歳のあるカルカッタ人の心を傷つけ、憤らせている。

［Indian Express 1998.6.6］

東京で上映中の映画とは、「プライド－運命の瞬間」のことである。

プロサント・パールは、当初、映画関係者などから「パール判事とその判決がメインの映画を作りたい」という企画を提示されていたという。晩年の父に付き添い、その熱い思いを聞いてきた彼は、「パール判事」の業績や考えを後世に伝えることを、自分の義務（ダルマ）と考えていた。そのため、日本から押し寄せてくる映画関係者を温かく迎え、父の想いをじっくりと伝えた。

しかし、出来上がった映画は、東条英機の生涯が中心で、父とその判決は二次的な扱いだった。父の判決が、東条の人生を肯定するための都合のいい「脇役」として利用されていることに、彼は納得がいかなかった。

彼は当初の企画が変更されたことなど聞いておらず、すぐさま抗議の手紙を書いた。

日本側窓口の田中正明から返ってきた手紙は「大衆へのアピールを映画会社が優先した」というものだった。プロサント・パールにとって、それは「屈辱的な裏切り行為」以外の何ものでもなかった[Indian Express 1998.6.6]。

彼は、父が中心の映画と、東条が中心の映画では、その性質が全く異なることを見抜いていた。父は日本の戦争を擁護しようとしたのではなく、一法学者として「法の正義」を守ろうとしたのだということを、息子である彼は強く訴えたかったのだろう。耳障りのいいことばかりを口にし、それをあっさりと反故にする日本人を、彼はこの時ばかりは許すことが出来なかった。父が渾身の力を振りしぼってまとめ上げた判決書を、自分の政治的立場を補完する材料として利用しようとする者への怒りは、きわめて激しかった。

インドの新聞では、日本に対する好意的な記事が目立って多い。そのような中で、プロサント・パールの悲痛な訴えは、多くのインド人に衝撃を与えた。

利用される「パール判決書」

このプロサント・パールのように、「パール判決書」を「日本無罪論」として利用する者に対して、警告を発するインド人は少なくない。

現代インドを代表する知識人で、父親がパールと親密な関係だったアシス・ナンディーは、朝日新聞のインタビューに答えて、次のように述べている。

パルは日本に道義的な責任がないと考えていたわけではない。西洋列強への対抗だったとしても、国際法上は違法でなかったにせよ、日本は自らの言葉で、帝国主義の過去、隣国に対して行ったことの歴史と、向き合うべきです。

〔朝日新聞二〇〇六・七・一二〕

第三章で詳しく述べたように、パールは東京裁判の構造を痛烈に批判したものの、日本の指導者たちは「過ちを犯した」と明言し、刑事上の責任とは別の道義的責任があることを示している。彼は張作霖爆殺事件から満州事変、日中戦争へ至るプロセスを、日本の行動に批判的な見地から検証し、その行為を問題視した。しかし、日本の指導者たちの間には、検察が起訴状で主張した「全面的共同謀議」など存在しなかったとし、連合国側の論拠の不当性を追求した。

また、「平和に対する罪」「人道に対する罪」は国際法には存在しない事後法的性格のものであり、この犯罪を認定することは罪刑法定主義の原則からの逸脱であると説いた。彼は、政治的意図が法の原則を蔑ろにすることこそ、侵略戦争の再発につながると訴え、その行為を「反文明」的であると批判した。

一方で、彼は「通例の戦争犯罪」を東京裁判で裁くことについては、これを積極的に容認した。彼は「南京虐殺事件」や「バターン死の行進」をはじめとする日本軍の「残虐行為」を事実と認定し、「鬼畜のような性格」をもった行為として断罪した。しかし、東京裁判にかけられたA級戦犯が、これらの残虐行為を指示したり、事件拡大化の防止を怠ったという証拠は確認できないとして、「被告人に刑事上の責任は問えない」という認識を示した。

パールは、決して「日本無罪」と主張したわけではなかった。彼が判決書の中で主張したことは「A級戦犯は法的には無罪」ということであり、指導者たちの道義的責任までも免罪したのではなかった。まして、日本の植民地政策を正当化したり、「大東亜」戦争を肯定する主張など、一切していない。彼の歴史観によれば、日本は欧米列強の悪しき「模倣者」であって、その道義的責任は連合国にも日本にも存在すると見ていたのである。

この点を理解せず、「パール判決書」の言葉を都合よく切り取って、「大東亜戦争肯定論」に援用することは、断じて避けなければならない。

絶対平和主義者・パール

また、パールは古代ヒンドゥー法の研究者という立場から、「法は真理の表現でなければならない」という主張を繰返した。彼にとって「法」とは、単に世俗世界の秩序を保つためのルールではなく、宇宙全体を司る「法」（＝ダルマ）をも含み込む概念であり、形而上学的な存在論によって基礎付けられた概念であった。

彼は、このような観点からガンディーの思想に傾倒し、彼の非暴力運動を熱烈に支持した。彼は生涯、「ガンディー主義者」を自認し、絶対平和主義の観点からさまざまな活動を展開した。

一九五二年に再来日したパールは、アメリカに追随し主体性を喪失した日本人に、厳しい言葉を投げかけ続けた。彼は、当時の日本政府が進めようとしていた再軍備を厳しく批判し、非武装中立に徹するべきことを訴えた。また、日本は平和憲法を護持すべきことを強調し、ガンディーの非暴力主義との連繫を模索した。さらに、彼は下中彌三郎のようなアジア主義者と連帯し、アジアの側からの世界連邦運動を推進した。

近年、パールの言説を利用する右派論壇は、このようなパールの思想を一切無視している。彼が日本に対して発した渾身のメッセージから目を逸らし、都合のいい部分だけを切り取って流用している。

パールは、日本人に対して真の自立と独立を訴え続けた。戦争が終わるや否やアメリカの覇権主義を全面的に擁護し、無批判に追随する日本人に対して「自分の眼、自分の頭でものごとを判断していただきたい」と訴えた。

原爆投下の責任も問えず、アメリカの顔色を伺い続ける日本。東京裁判を忘却のかなたに追いやり、アメリカ依存を深める日本。朝鮮戦争をサポートし、再軍備を進める日本。

彼の厳しい指摘は、現在の日本にこそあてはまるだろう。

――アメリカ追随を深め、イラク戦争をサポートし、憲法九条の改変に突き進む二一世紀の日本。

パールが生きていれば、このような現状をどのように評するであろうか?

彼の残したメッセージは、近年の右派論壇にこそ突きつけられている。

あとがき

箱根のパール下中記念館をはじめて訪問したのが、二〇〇六年一月。

それから約一年半。ラーダービノード・パールという傑出した人物と向き合う日々を送ってきた。

所属する大学の関係で、二〇〇六年はボストン、大阪、札幌と生活の拠点がめまぐるしく変わった。また、急に論壇という場で文章を書いたりコメントを出したりする仕事が増えた。

生活のパターンが激変し、慌ただしい毎日を送る中でも、私の頭の中のほとんどは、パールのことで占められていた。連日連夜、パールのことを考え、彼の難解な文章と格闘した。

パールと向き合うことは、研究者人生を歩みだしたばかりの私にとって、とても貴重で重要な体験となった。

――熱い情熱を持ちながら、論理はクールで揺るがない。強大な権力を前にしても、自分の主張や信念を一切曲げず、堂々と議論を展開する。

このような孤高の学者精神を、私はパールから学んだ。

拙著『中村屋のボース』でR・B・ボースの人生を書いたときは、同じ目線の人間として、ボースを捉えようとしていた。多くの悲しみや苦悩を背負った人間に対する共感が、私を突き動かした。原稿を書きながら、何度も涙を流した。

一方、パールについて書いているときは、その論理の鋭さと孤立を恐れない高貴な精神に圧倒され続けた。遥か上の高いところにいるパールを仰ぎ見るという感覚が、私を支配し続けた。

そのため、本書では「パールの論理」を描くことは出来ても、「パールという人間」を描くことは出来なかった。おそらく一生、私はパールの人生を書くことは出来ないだろう。浅学非才の私にとって、パールは手の届かない処にいる偉人であり、尊敬する学者である。

心で書いたボースと、頭で書いたパール。

同じベンガル地方で、同じ年に生まれた二人のインド人を追いかけることで、私はかけがえのないものを学んだ。これからの人生、何度もこの二人を思い返しながら生きていくだろう。近代日本社会と深くコミットした二人のベンガル人に、心から敬意を表したい。

なお、本書ではパールの主張の全体像を提示することを、第一の目的とした。パールのご都合主義的利用が横行する現代日本において、まずはパールの発言を体系化しておく必要があると考えたからである。

特定の個人の研究を発表すると、その人物の立場と著者自身の立場が同一視されることが往々にしてある。断っておくが、私はパールの見解や政治的主張のすべてに賛同しているわけではない。この点はくれぐれもご留意いただきたい。私の憲法論や安全保障論は、別のところで論じているので、そちらをご参照いただきたい。

本書を制作する過程では、さまざまな方にお世話になった。

パール下中記念館の史料を利用する際には、財団法人下中記念財団に格段のご配慮をいただいた。荒廃している同記念館の整備が進み、多くの人が訪れる施設となることを願いたい。

二〇〇六年七月一二日、朝日新聞紙上でパール判事の特集が組まれ、私も微力ながらご協力させていただいたが、その際には朝日新聞社の石田祐樹さんと隅田佳孝さんに大変お世話になった。特に石田さんは、私が当時入手できていなかった史料のコピーを提供くださり、さまざまな形で研究をサポートくださった。改めて御礼を申し上げたい。

本書はすべて、二〇〇六年一〇月に赴任した北海道大学の研究室で執筆した。私が所属する公共政策大学院並びに大学院法学研究科政治学講座からは、非常に恵まれた研究環境を与えていただいている。日本を代表する政治学者たちが自由闊達に議論する中で研究に没頭できるのは、私にとって望外の幸せである。同僚先学の諸氏に心から感謝したい。

また、日本では関西以外で生活をしたことがなかった私を暖かく迎えてくださった札幌の皆様にも、感謝を述べたい。余りにも多くの方が頭に浮かぶため、お名前を挙げることは控えさせていただくが、この街の人々と出会うことが出来て、私は本当に幸せである。これからもご迷惑ばかりおかけすることになりそうだが、末永くお付き合いいただければ幸いである。

最後になったが、白水社編集者の須山岳彦さんとブックデザインを担当くださった矢萩多聞さんに、心からお礼を申し上げたい。お二人は、仕事以前に私の人生に欠かすことの出来ない大切な仲間であり、最良の理解者である。本の力を信じ、酒と肴と悲しみを愛するお二人と本を作ることが出来ることは、私にとってこの上ない喜びである。

私は本当に、出会う人に恵まれている。

二〇〇七年六月

中島岳志

引用・参考文献

【日本語】

朝日新聞法廷記者団　一九六二a『東京裁判（上）』東京裁判刊行会
一九六二b『東京裁判（中）』東京裁判刊行会
家永三郎　一九七三「十五年戦争とパール判決書」『戦争と教育をめぐって』法政大学出版局
板倉由明　一九八五「松井石根大将『陣中日記』改竄の怪」『歴史と人物』昭和六〇年冬号
今井清一　一九五二「『軍裁』関係三書を裁く――彼らは果して無罪か」『全国出版新聞』一九五二年六月二五日
牛村圭　二〇〇六『「戦争責任」論の真実――戦後日本の知的怠慢を断ず』ＰＨＰ研究所
大川周明関係文書刊行会　一九九八『大川周明関係文書』芙蓉書房出版
小田原金一　一九五三「仮面を剥ぎとつた暁には」『教育広報』第三巻第三号、青森県教育委員会
筧義章　n.d.「パール博士の碑文――東亜殉道無名士女之碑建立顛末記」（出典不明）
ガンディー、マハトマ　一九九七a『わたしの非暴力１』森本達雄訳、みすず書房
一九九七b『わたしの非暴力２』森本達雄訳、みすず書房

極東国際軍事裁判速記録　一九六八『極東国際軍事裁判速記録』全10巻、雄松堂書店
清瀬一郎　一九六六「パール博士を迎えてその業績を讃う」『外交時報』一〇三三号（一九六六年一〇月号）
小林よしのり　一九九八『戦争論』幻冬舎
　　二〇〇六『いわゆるA級戦犯』幻冬舎
下中彌三郎伝刊行会　一九六五『下中彌三郎事典』平凡社
田中正明　一九五二『日本無罪論――真理の裁き』太平洋出版社
　　一九五三「パール博士の日本日記」ラダビノード・パール『平和の宣言』東西文明社
　　二〇〇一『パール判事の日本無罪論』小学館文庫
東京裁判研究会編　一九八四a『共同研究・パル判決書（上）』講談社学術文庫
　　一九八四b『共同研究・パル判決書（下）』講談社学術文庫
内藤雅雄　二〇〇二「M.K.ガーンディーと日本人――日中戦争をめぐって」『アジア・アフリカ言語文化研究』63号
中谷武世　一九六七「パール博士について想い出すことども――パール判決書を読み違えてはならない」（出典不明）
中山理々　一九五〇「一日一題――パル判事訪問」『読売新聞』一九五〇年二月八日夕刊
長谷川峻　一九六六「パール博士会見記――十四年前カルカッタの自邸にて」『外交時報』一〇三三号（一九六六年一〇月号）
花山信勝　一九四九『平和の発見――巣鴨の生と死の記録』朝日新聞社
パール、ラダビノード　一九五三『平和の宣言』東西文明社
パール博士歓迎事務局編　一九六六『I Love Japan ――パール博士言行録』東京裁判刊行会
日暮吉延　二〇〇二『東京裁判の国際関係――国際政治における権力と規範』木鐸社

平凡社　一九七四『平凡社六十年史』平凡社
吉松正勝編訳　一九五二『戦史を破る・日本は無罪なり——ラーダ・ピート・パール博士の獅子吼』
日本書籍印刷株式会社

【英語】

International Law Commission 1954 – *Yearbook of the International Law Commission* vol.1
Nandy, Ashis. 1995 – "The Other Within: The Strange Case of Radhabinod Pal's Judgment of Culpability",
The Savage Freud and Other Essays on Possible and Retrievable Selves,
New Delhi, Oxford University Press.
Nehru, Jawaharlal. 1989 – *Selected Works of Jawaharlal Nehru*, Second Series, Vol.8, Orient Longman, New Delhi
Pal, Radhabinod. 1929 – *The History of the Law of Primogeniture with special reference to India, ancient and modern*,
Calcutta, University of Calcutta.
1949a – Delivered by Dr.Pal at All-party meeting held on 5.3.49 at the Indian Association Hall,
n.d.（演説原稿）
1949b – Lust For Power, n.d.（演説原稿）
1953 – *International Military Tribunal for the Far East.* Calcutta, University of Calcutta.
1955a – *Crimes in International Relations.* Calcutta.

1955b – *World Leadership.* Ex-Judge, Calcutta High Court, Member,
International Law Commission. Hindusutan Standard Fuja Annual.（演説原稿）

1958 – *The History of Hindu Law in the Vedic Age and Post -Vedic Times Down to the Institutes of Manu.* Calcutta. University of Calcutta.

1960 – *Presidential Address*
United Nation Day Fifteenth Anniversary October, 24, 1960.（演説原稿）

n.d. – *The Hindu Philosophy of Law.* Calcutta.

Sinha, K.K..

1958 – All India Language Conference, Calcutta.

中島岳志（なかじま　たけし）
一九七五年大阪生。大阪外国語大学（ヒンドゥー語専攻）卒。
京都大学大学院アジア・アフリカ地域研究研究科博士課程修了。
北海道大学公共政策大学院准教授。
主要著作『中村屋のボース』（白水社）、『ナショナリズムと宗教』（春風社）、
『インドの時代』（新潮社）、『ヒンドゥー・ナショナリズム』（中央公論新社）。

パール判事　東京裁判批判と絶対平和主義

二〇〇七年八月一五日　第一刷発行
二〇〇七年九月二五日　第四刷発行

著者　©　中島岳志《なかじまたけし》
発行者　川村雅之
発行所　株式会社 白水社
〒一〇一―〇〇五二
東京都千代田区神田小川町三の二四
電話　営業部 〇三―三二九一―七八一一
　　　編集部 〇三―三二九一―七八二一
振替　〇〇一九〇―五―三三二二八
http://www.hakusuisha.co.jp
乱丁・落丁本は、送料小社負担にてお取り替えいたします。

装丁・レイアウト　矢萩多聞
印刷　株式会社 理想社
製本　松岳社 株式会社 青木製本所

ISBN 978-4-560-03166-7　Printed in Japan.